Dostojewskij | Aufzeichnungen aus dem Kellerloch

Fjodor Dostojewskij

Aufzeichnungen aus dem Kellerloch

Übersetzung von Swetlana Geier

Nachwort von Hans Walter Poll

Reclam

Originaltitel: *Zapiski iz podpol'ja* (1864)

Die deutsche Übertragung der *Aufzeichnungen aus dem Kellerloch* von Swetlana Geier erschien erstmals 1962 im Rowohlt Taschenbuch Verlag, Reinbek bei Hamburg. Sie wurde für die Ausgabe in der Universal-Bibliothek (1984) von der Übersetzerin vollständig überarbeitet.

RECLAMS UNIVERSAL-BIBLIOTHEK Nr. 14385
1984, 2024 Philipp Reclam jun. Verlag GmbH,
Siemensstraße 32, 71254 Ditzingen
info@reclam.de

Gestaltung: Cornelia Feyll, Friedrich Forssman
Druck und Bindung: Elanders Waiblingen GmbH,
Anton-Schmidt-Straße 15, 71332 Waiblingen
Printed in Germany 2025
RECLAM, UNIVERSAL-BIBLIOTHEK und
RECLAMS UNIVERSAL-BIBLIOTHEK sind eingetragene Marken
der Philipp Reclam jun. GmbH & Co. KG, Stuttgart
ISBN 978-3-15-014385-8
reclam.de

ERSTER TEIL

Das Kellerloch*

I

Ich bin ein kranker Mensch ... Ich bin ein böser Mensch. Ein abstoßender Mensch bin ich. Ich glaube, meine Leber ist krank. Übrigens habe ich keinen blassen Dunst von meiner Krankheit und weiß gar nicht mit Sicherheit, was an mir krank ist. Für meine Gesundheit tue ich nichts und habe auch nie etwas dafür getan, obwohl ich vor der Medizin und den Ärzten alle Achtung habe. Zudem bin ich noch äußerst abergläubisch, so weit zum Beispiel, dass ich vor der Medizin alle Achtung habe. (Ich bin gebildet genug, um nicht abergläubisch zu sein, aber ich bin abergläubisch.) Nein, meine Herrschaften, wenn ich für meine Gesundheit nichts tue, so geschieht das nur aus Bosheit. Sie werden si-

* Sowohl der Autor dieser Aufzeichnungen als auch die Aufzeichnungen selbst sind erdacht. Nichtsdestoweniger sind Menschen wie der Verfasser dieser Aufzeichnungen nicht nur denkbar, sondern unausbleiblich, wenn man jene Verhältnisse in Betracht zieht, unter denen unsere Gesellschaft sich gebildet hat. Ich wollte dem Publikum deutlicher, als es sonst zu geschehen pflegt, einen Repräsentanten der jüngst verflossenen Vergangenheit vor Augen stellen. Er gehört zu der noch in unsere Tage ragenden Generation. In diesem Fragment, ›Das Kellerloch‹ betitelt, stellt er sich selbst vor, seine Anschauungen, und bemüht sich gewissermaßen, die Gründe zu klären, warum er aufgetaucht ist und warum er mit Notwendigkeit bei uns auftauchen musste. In dem folgenden Fragment beginnen die wirklichen Aufzeichnungen dieses Menschen über gewisse Ereignisse in seinem Leben. Fjodor Dostojewskij

cher nicht geneigt sein, das zu verstehen. Nun, meine Herrschaften, ich verstehe es aber. Ich kann Ihnen natürlich nicht klarmachen, wen ich mit meiner Bosheit ärgern will, ich weiß auch ganz genau, dass ich nicht einmal den Ärzten dadurch schaden kann, dass ich mich nicht von ihnen behandeln lasse; ich weiß am allerbesten, dass ich damit einzig und allein mir selbst schade und niemandem sonst.

Und dennoch, wenn ich nichts für meine Gesundheit tue, so geschieht es aus Bosheit, und ist die Leber krank, dann mag sie noch ärger krank werden!

Ich lebe schon lange so – fast zwanzig Jahre. Jetzt bin ich vierzig. Früher habe ich gedient, jetzt aber diene ich nicht mehr. Ich war ein boshafter Beamter. Ich war grob und machte mir daraus ein Vergnügen. Ich war unbestechlich, folglich musste ich mich wenigstens dadurch entschädigen. (Ein fauler Witz; aber ich streiche ihn nicht aus. Ich schrieb ihn hin in dem Glauben, er würde sich sehr geistreich ausnehmen; aber jetzt, da ich selbst sehe, dass ich mit diesem Witz nur erbärmlich angeben wollte – jetzt streiche ich ihn erst recht nicht aus!) Wenn sich dem Pult, an dem ich saß, Bittsteller mit Anfragen näherten, fuhr ich sie an und empfand tiefste Genugtuung, wenn es mir gelang, jemanden einzuschüchtern. Und das gelang fast immer. Meistens war das ein recht schüchternes Volk: eben Bittsteller. Unter den Dreisteren gab es einen Offizier, den ich nicht ausstehen konnte. Er wollte sich nicht ergeben und rasselte geradezu widerwärtig mit seinem Säbel. Dieses Säbels wegen habe ich mit ihm anderthalb Jahre Krieg geführt. Schließlich war der Sieg mein. Er unterließ das Rasseln. Aber das war noch in meiner Jugend. Wissen Sie auch, meine Herrschaften, worin gerade der Hauptgrund meiner Bosheit lag? Das war es ja, darin lag ja die größte Gemeinheit, dass ich in jeder Minute, selbst im Augenblick der galligsten Wut, mir schmählich eingestehen musste, dass ich nicht nur kein böser, sondern nicht einmal ein boshafter Mensch bin, dass ich mit Kanonen auf Spatzen schieße und darin mein Vergnügen suche. Schaum steht mir vor dem Munde, aber bringt mir irgendein Püppchen, gebt mir ein Tässchen Tee mit Zucker, und ich werde mich höchstwahrscheinlich besänftigen. Ich werde gerührt sein, wenn ich mich auch nachher, wahrscheinlich, selbst zerfleischen und vor Scham monatelang an Schlaflosigkeit leiden werde. Das ist nun einmal meine Art.

Übrigens habe ich mich vorhin verleumdet, als ich sagte, dass ich ein boshafter Beamter gewesen sei. Aus Bosheit habe ich gelogen. Ich habe nur Mutwillen getrieben, sowohl mit den Bittstellern als auch mit dem Offizier, in Wirklichkeit konnte ich niemals böse werden. In jedem Augenblick war ich mir vieler widersprechender Regungen bewusst. Ich fühlte sie nur so wimmeln in mir, diese widersprechenden Regungen. Ich wusste, dass sie ein ganzes Leben lang in mir wimmelten und aus mir herauswollten, aber ich ließ sie nicht heraus. Ich ließ sie nicht heraus, absichtlich ließ ich sie nicht heraus. Sie quälten mich bis zur Scham; sie brachten mich bis zu Krämpfen und ich – ich wurde sie schließlich leid, maßlos leid! Glauben Sie, meine Herrschaften, dass ich jetzt etwa irgendetwas bereue, vor Ihnen? Dass ich für irgendetwas Ihre Verzeihung erbitte? Ich bin überzeugt, dass Sie das glauben ... Doch übrigens, ich versichere Sie, mir ist es ganz gleich, was Sie da glauben ...

Nicht nur, dass ich es nicht fertigbrachte, böse zu werden, ich brachte es nicht einmal fertig, überhaupt etwas zu werden, weder böse noch gut, weder Schuft noch Ehrenmann, weder Held noch Insekt. Jetzt friste ich die Tage in meinem Winkel, indem ich mich selbst mit dem böswilligen und zugleich sinnlosen Trost aufstachle, dass ein kluger Mensch ernsthaft überhaupt nie etwas werden kann und nur ein Dummkopf etwas wird. Ja, der Mensch des neunzehnten Jahrhunderts muss, er ist dazu sogar moralisch verpflichtet, ein im Großen und Ganzen charakterloses Wesen sein; dagegen ist ein charakterfester Mensch, ein Tatmensch – ein im Großen und Ganzen beschränktes Wesen. Dies ist meine vierzigjährige Überzeugung. Ich bin jetzt vierzig Jahre alt, und vierzig Jahre – das ist doch das ganze Leben; das ist das äußerste Alter. Länger als vierzig Jahre zu leben ist unanständig, trivial, unsittlich. Wer lebt denn noch über vierzig Jahre? Antworten Sie aufrichtig und ehrlich. Ich kann Ihnen sagen, wer über vierzig Jahre lebt: Dummköpfe und Spitzbuben. Ich will das allen Greisen ins Gesicht sagen, all diesen ehrwürdigen Greisen, all diesen silberhaarigen und parfümierten Greisen! Ich sage es der ganzen Welt ins Gesicht, ich habe das Recht, so zu sprechen, weil ich selbst bis sechzig leben werde! Bis siebzig werde ich leben! Bis achtzig werde ich leben! Warten Sie! Lassen Sie mich Atem holen …

Sie glauben wahrscheinlich, meine Herrschaften, dass ich Sie zum Lachen bringen möchte, aber auch darin irren Sie sich. Ich bin durchaus kein so lustiger Mensch, wie es Ihnen vorkommt, oder wie es Ihnen vielleicht vorkommt; sollten Sie aber, verärgert durch dieses Geschwätz (ich spüre ja, dass Sie verärgert sind), auf den Gedanken kommen, mich zu fragen, wer ich denn eigentlich sei – so werde ich

Ihnen antworten: Ich bin ein Kollegienassessor. Ich diente, um nicht zu verhungern (einzig aus diesem Grund), und als im vorigen Jahr ein entfernter Verwandter mir testamentarisch sechstausend Rubel hinterließ, nahm ich sofort meinen Abschied und ließ mich hier in meinem Winkel nieder. Ich habe schon früher in diesem Winkel gelebt, jetzt aber ließ ich mich in diesem Winkel nieder. Mein Zimmer ist ein elendes, scheußliches Loch am Rande der Stadt. Meine Aufwartefrau – ein Bauernweib, alt, vor lauter Dummheit böse, zudem noch ständig unausstehlich riechend. Man sagt mir, das Petersburger Klima sei mir schädlich und Petersburg für meine kümmerlichen Mittel viel zu teuer. Ich weiß das alles ganz genau, besser als diese erfahrenen und überklugen Ratgeber und Kopfnicker. Aber ich bleibe in Petersburg; ich werde Petersburg nicht verlassen. Ich werde es nicht verlassen, weil ... ach! Aber es ist doch vollkommen gleichgültig, ob ich es nun verlassen oder nicht verlassen werde.

Übrigens: worüber kann ein anständiger Mensch mit dem größten Vergnügen reden?

Antwort: über sich selbst.

Also werde auch ich über mich selbst reden.

II

Meine Herrschaften, jetzt möchte ich Ihnen erzählen, gleichviel, ob Sie es hören wollen oder nicht, warum ich nicht einmal ein Insekt zu werden verstand. Ich möchte feierlichst erklären, dass ich schon mehrere Male ein Insekt werden wollte. Doch nicht einmal dazu ist es gekommen.

Ich schwöre Ihnen, meine Herrschaften, dass zu viel Bewusstsein – eine Krankheit ist, eine richtige, regelrechte Krankheit. Für den alltäglichen menschlichen Bedarf wäre ein gewöhnliches menschliches Bewusstsein mehr als genug, also etwa die Hälfte, ein Viertel jener Portion, die dem entwickelten Menschen unseres unglücklichen neunzehnten Jahrhunderts zukommt, der dazu noch das besondere Unglück hat, in Petersburg zu leben, der abstraktesten und ausgedachtesten Stadt der ganzen Welt. (Es gibt ausgedachte und nicht ausgedachte Städte.) So würde zum Beispiel jenes Bewusstsein, mit dem alle sogenannten unmittelbaren Menschen, die Tatmenschen, leben, vollkommen ausreichen. Ich könnte wetten, Sie glauben jetzt, dass ich dies aus Anmaßung schreibe, um mich über die Tatmenschen lustig zu machen, dazu noch aus einer Anmaßung von allerschlechtestem Geschmack, dass ich mit dem Säbel rassle, wie mein Offizier. Aber meine Herrschaften, wer könnte denn auf seine Krankheit, auf seine Leiden stolz sein? Wer könnte sich mit ihnen brüsten?

Übrigens, was sage ich? – Alle tun das. Man prahlt mit seinen Krankheiten und ich – meinetwegen – mehr als alle anderen. Streiten wir nicht darüber: mein Einwand ist absurd. Aber ich bin fest überzeugt, dass nicht nur zu viel Bewusstsein, sondern sogar jedes Bewusstsein eine Krankheit ist. Ich bestehe darauf. Aber lassen wir auch dieses Thema für einen Augenblick fallen. Sagen Sie mir bitte Folgendes: Wie kommt es, dass ich ausgerechnet in jenen, ja, ausgerechnet in jenen Augenblicken, in denen ich mir aller Feinheiten ›des Schönen und Erhabenen‹ – so wurde es bei uns genannt – bewusst war, zuweilen derart unansehnlicher Handlungen mir nicht allein nur bewusst wurde, sondern sie auch begehen konnte, Handlungen, die … nun ja, mit einem Wort, die meinetwegen von allen begangen werden, die aber von mir gerade dann begangen wurden, wenn ich am deutlichsten erkannte, dass man sie überhaupt nie begehen sollte? Je mehr ich von der Erkenntnis des Guten und von all diesem ›Schönen und Erhabenen‹ durchdrungen war, umso tiefer versank ich in meinem Schlamm, umso williger war ich, völlig in ihm steckenzubleiben. Doch das Wichtigste war, dass all dies gewissermaßen nicht zufällig so sich verhielt, sondern als müsste es geradezu so sein, als sei dies mein allernormalster Zustand, durchaus nicht Krankheit und Makel, so dass mir schließlich die Lust verging, gegen diesen Makel anzukämpfen. Es endete damit, dass ich beinahe glaubte (vielleicht aber habe ich es in der Tat geglaubt), dies sei unter Umständen mein eigentlicher, normaler Zustand. Zuerst aber, am Anfang, wie viele Qualen habe ich in diesem Kampf ausgestanden! Ich glaubte nicht, anderen erginge es ebenso, und verbarg es mein Leben lang wie ein Geheimnis. Ich schämte mich (vielleicht schäme ich mich sogar jetzt noch); es kam so weit, dass ich einen heimlichen, unnormalen, gemeinen Genuss empfand, wenn ich in einer der ekelhaftesten Petersburger Nächte in meinen Winkel zurückkehrte und dabei mit aller Deutlichkeit einsah, dass ich heute wieder eine Gemeinheit begangen hatte, dass das Getane auf keine Weise ungeschehen gemacht werden konnte, und mich dafür innerlich, verstohlen zu zerfleischen, zu foltern begann, so lange, bis die Verbitterung sich schließlich in irgendeine schmähliche, verfluchte Süße wandelte – in einen entschiedenen, wirklichen Genuss. Ja, in einen Genuss, in einen Genuss! Ich bestehe darauf. Deswegen habe ich doch überhaupt angefangen zu sprechen, weil ich schon immer ganz genau erfahren wollte: Haben die anderen auch solche Genüsse? Ich werde es Ihnen erklären; der Genuss liegt gerade in dem allzu grellen Bewusstsein der eigenen Erniedrigung; in dem Bewusstsein, dass man an der letzten Mauer angelangt ist; dass es zwar schändlich ist, aber auch nicht anders sein kann; dass man keinen Ausweg hat, dass man nie und nimmer ein anderer Mensch werden wird; dass, selbst wenn man noch Zeit und Glauben hätte, sich in etwas anderes umzuwandeln, man wahrscheinlich selber eine solche Umwandlung nicht wollte; wollte man sie aber, so ließe sich auch hier nichts ausrichten, weil es im Grunde genommen vielleicht gar nichts gibt, in das man sich umwandeln könnte. Aber in der Hauptsache und letzten Endes verläuft das alles nach den normalen und fundamentalen Gesetzen des gesteigerten Bewusstseins und der Trägheit, die sich unmittelbar aus diesen Gesetzen ergibt. Folglich kann man nicht nur sich nicht verändern, sondern man kann überhaupt nichts ändern. Zum Beispiel ergibt sich aus dem gesteigerten Bewusstsein: Stimmt, du bist ein Schuft – als ob es für den Schuft ein Trost wäre, wenn er schon selbst empfindet, dass er tatsächlich ein Schuft ist. Aber genug … Ich habe viel geschwatzt, ist aber dadurch etwas geklärt? Wodurch lässt sich dieser Genuss erklären? Aber ich werde es erklären, ich werde es schon zu Ende führen! Deswegen habe ich doch zur Feder gegriffen …

Ich bin zum Beispiel ganz furchtbar ehrgeizig. Ich bin argwöhnisch und empfindlich wie ein Buckliger oder ein Zwerg, aber offen gestanden, ich habe auch Augenblicke erlebt, in denen ich mich, wäre ich von jemandem geohrfeigt worden, sogar darüber gefreut hätte. Im Ernst: ich hätte es bestimmt verstanden, auch darin einen Genuss eigener Art zu finden, einen Genuss der Verzweiflung, versteht sich, aber gerade in der Verzweiflung liegen die verzehrendsten Genüsse, besonders, wenn man die Aussichtslosigkeit seiner Lage deutlich erkennt. Und hier, nämlich bei der Ohrfeige, hier wird man ja förmlich von dem Bewusstsein der eigenen Erniedrigung erdrückt. Die Hauptsache aber, wie man es auch dreht und wendet, liegt darin, dass ich als Erster an allem schuld bin, und zwar – das ist das Kränkendste – ohne Schuld schuldig, sozusagen gemäß der Natur der Dinge. Erstens deshalb, weil ich klüger bin als alle, die mich umgeben (ich habe mich stets für klüger gehalten als alle, die mich umgaben, und bin manches Mal – glauben Sie mir – deswegen verlegen geworden; wenigstens habe ich mein Leben lang immer irgendwie zur Seite gesehen und niemals den Menschen gerade in die Augen blicken können). Und schließlich bin ich deshalb schuldig, weil ich, selbst wenn ich großmütig gewesen wäre, infolge des Bewusstseins der ganzen Nutzlosigkeit dieser Großmut nur noch mehr gelitten hätte. Ich hätte doch bestimmt nichts mit meiner Großmut anzufangen gewusst; weder zu verzeihen – der Beleidiger hätte mich vielleicht aus einer Naturgesetzmäßigkeit heraus geohrfeigt, und der Naturgesetzmäßigkeit hat man nicht zu verzeihen – noch zu vergessen; denn wenn es auch eine Naturgesetzmäßigkeit ist, so bleibt es doch eine Beleidigung. Und schließlich, hätte ich mich entschlossen, durchaus nicht großmütig zu verfahren, und mich, ganz im Gegenteil, am Beleidiger rächen wollen, so hätte ich mich doch für nichts und an niemandem rächen können, weil ich wahrscheinlich nicht gewagt hätte, etwas zu tun, selbst wenn ich es gekonnt hätte. Warum hätte ich es nicht gewagt? Darauf möchte ich mit einigen Worten eingehen.

III

Wie ergeht es denn Menschen, die es verstehen, sich zu rächen, und die überhaupt verstehen, sich zu behaupten? Wenn sie von Rachedurst gepackt werden, bleibt von ihrem ganzen Wesen überhaupt nichts mehr übrig außer dem einen Gefühl. Ein Herr von dieser Sorte schießt denn auch sofort wie ein wildgewordener Stier mit gesenkten Hörnern auf das Ziel los, und höchstens eine Mauer kann ihn noch zum Stehen bringen.

(Bei dieser Gelegenheit sei noch bemerkt: Vor einer Mauer geben sich solche Herrschaften, das heißt die Unmittelbaren und die Tatmenschen, bedenkenlos geschlagen. Für sie ist die Mauer kein Einspruch, wie zum Beispiel für uns denkende und folglich tatenlose Menschen; kein Vorwand, auf dem Wege umzukehren, ein Vorwand, der für unsereinen meistens unglaubwürdig, aber stets willkommen ist. Nein, sie geben sich bedenkenlos geschlagen. Die Mauer ist für sie stets etwas Beruhigendes, moralisch Eindeutiges und Endgültiges, meinetwegen sogar etwas Mystisches ... Doch von der Mauer später.) Also gerade diesen unmittelbaren Menschen halte ich für den eigentlichen, den normalen Menschen, wie ihn die zärtliche Mutter Natur selbst wollte, als sie ihn liebenswürdigerweise auf Erden entstehen ließ. Solch einen Menschen beneide ich bis zur grünen Galle. Er ist dumm. Darüber will ich mit Ihnen nicht streiten, vielleicht muss der normale Mensch dumm sein, woher wollen Sie das wissen? Vielleicht ist das sogar ganz schön. Ich bin umso mehr von diesem, sozusagen, Argwohn überzeugt, weil – nehmen wir beispielsweise die Antithese des normalen Menschen, das heißt den überbewussten Menschen, der selbstverständlich nicht dem Schoße der Natur, sondern der Retorte entsprungen ist (das ist schon fast Mystizismus, meine Herrschaften; ich argwöhne auch das) –, weil dieser Retortenmensch zuweilen dermaßen vor seiner Antithese versagt, dass er sich selbst samt seinem Überbewusstsein in aller Aufrichtigkeit für eine Maus hält, nicht aber für einen Menschen. Mag er auch eine überbewusste Maus sein, er ist doch nur eine Maus, jener aber ist ein Mensch, daraus folgt alles andere. Die Hauptsache aber, er selbst hält sich für eine Maus; keiner verlangt es von ihm; und das ist ein wichtiger Umstand. Betrachten wir nun diese Maus in Aktion. Nehmen wir zum Beispiel an, dass sie auch beleidigt ist (und sie ist fast immer beleidigt) und sich gleichfalls rächen will. Bosheit kann sich in ihr noch mehr ansammeln als in dem *homme de la nature et de la vérité.* Der gemeine niedrige Wunsch, dem Beleidiger mit derselben Münze heimzuzahlen, macht sich in ihr noch widerlicher bemerkbar als in dem *homme de la nature et de la vérité,* denn dieser *homme de la nature et de la vérité* hält bei seiner angeborenen Dummheit die Rache ganz einfach für Gerechtigkeit; die Maus aber muss infolge ihres gesteigerten Bewusstseins eine solche Gerechtigkeit verneinen. Endlich kommt es zur Ausführung, zum Racheakt selbst. Die unglückliche Maus hat es bereits fertiggebracht, außer der einen ursprünglichen Gemeinheit noch so viele neue Gemeinheiten in Gestalt von Fragen und Zweifeln aufzutürmen, sie hat an die eine Frage so viele ungelöste Fragen gereiht, dass sich um sie herum notwendig eine verhängnisvolle Pfütze ansammelt, ein stinkender Schmutz, bestehend aus ihren Zweifeln, ihrer Erregung und schließlich aus dem Geifer, der auf sie von all den unmittelbaren Tatmenschen niederregnet, die sie als Richter und Diktatoren in feierlichem Kreise umgeben und aus vollem Halse über sie lachen. Selbstverständlich bleibt ihr nichts anderes zu tun übrig, als mit ihrem Pfötchen eine geringschätzige Gebärde zu machen und mit einem Lächeln vorgetäuschter Verachtung, an die sie selbst nicht glaubt, schmählich in ihr Mauseloch zurückzuschlüpfen. Dort, in ihrem scheußlichen stinkenden Kellerloch, versinkt unsere beleidigte, geprügelte und verhöhnte Maus unverzüglich in kalte, giftige und vor allen Dingen ewig andauernde Bosheit. Volle vierzig Jahre wird sie sich bis in die letzten, schmählichsten Einzelheiten der Kränkung erinnern und dabei jedes Mal von sich aus noch schimpflichere Details hinzufügen, sich mit ihrer eigenen Phantasie boshaft verspottend und reizend. Sie wird sich ihrer Phantasie schämen, trotzdem aber alles behalten, alles auskosten, wird sich selbst unerhört verleumden unter dem Vorwand, dass dies alles ja ebenso gut hätte wirklich geschehen können, und wird nichts, aber auch nichts verzeihen. Am Ende wird sie auch anfangen, sich zu rächen, doch irgendwie sporadisch, kurzatmig, hinter dem Ofen hervor, inkognito, ohne sich das Recht auf Rache zuzugestehen, ohne an den Erfolg der Rache zu glauben, und im Voraus wissend, dass sie selbst unter all ihren Bemühungen hundert Mal mehr leiden wird als der, an dem sie sich rächen will, ja, dass dieser vielleicht nicht einmal etwas spüren wird. Auf dem Sterbebett wird sie sich wiederum des

Ganzen erinnern, einschließlich aller in der Zwischenzeit hinzugekommenen Prozente und … Aber gerade in dieser kalten ekelhaften Halbverzweiflung, in diesem Halbglauben, in diesem leidvollen bewussten Sich-selbst-lebendig-Begraben, in einem Kellerloch auf volle vierzig Jahre, in dieser mit größtem Aufwand ausgeklügelten und dennoch zum Teil zweifelhaften Aussichtslosigkeit, in all dem Gift ungestillten, im Innern gestauten Begehrens, in diesem Fieber eines Schwankens zwischen auf ewig gefassten Entschlüssen und im Augenblick auftretender Reue – darin, gerade darin liegt die Essenz jenes sonderbaren Genusses, von dem ich sprach. Er ist derart fein und dem Bewusstsein zuweilen so verborgen, dass auch die nur um ein Weniges beschränkteren Menschen, ja sogar einfach Menschen mit starken Nerven, überhaupt nichts davon verstehen. Vielleicht können auch die nichts davon verstehen, werden Sie wohl mit einem spöttischen Lächeln hinzufügen, die niemals Ohrfeigen bekommen haben, und wollen mir auf diese Weise höflich zu verstehen geben, dass vielleicht auch ich schon in meinem Leben eine Ohrfeige bekommen habe und darum aus Erfahrung spreche. Ich könnte wetten, dass Sie das denken. Aber beruhigen Sie sich, meine Herrschaften, ich habe niemals Ohrfeigen bekommen, obwohl es mir vollkommen gleichgültig ist, was Sie darüber denken. Ich bedaure vielleicht, dass ich selbst in meinem Leben wenig Ohrfeigen ausgeteilt habe, aber genug, kein Wort mehr über dieses für Sie so ungemein interessante Thema.

Ich fahre ruhig fort, über die Menschen mit starken Nerven zu sprechen, denen ein gewisser auserlesener Genuss unzugänglich bleibt. Diese Herrschaften brüllen zwar beispielsweise in bestimmten Fällen wie die Ochsen, aus vollem Halse, was ihnen meinetwegen die größte Ehre einbringt, aber, wie ich bereits erwähnte, beruhigen sie sich sofort vor jeder Unmöglichkeit. Eine Unmöglichkeit – also eine Mauer! Was für eine Mauer? Nun, versteht sich, Naturgesetze, naturwissenschaftliche Ergebnisse, Mathematik. Hat man dir einmal zum Beispiel bewiesen, dass du vom Affen abstammst, so darfst du nicht einmal die Nase rümpfen, sondern hast es hinzunehmen, wie es ist. Hat man dir bewiesen, dass ein einziges Tröpfchen deines eigenen Fettes dir teurer sein muss als Hunderttausend deinesgleichen und dass diese Einsicht schließlich alle sogenannten Tugenden und Pflichten und sonstige Spinnereien und Vorurteile aufklärt, so musst du das ruhig hinnehmen. Es ist nichts dagegen zu machen, denn zwei mal zwei – das ist Mathematik. Versuchen Sie, es zu widerlegen.

»Gestatten Sie«, wird man Ihnen zurufen, »dagegen gibt es keine Auflehnung, das ist zwei mal zwei gleich vier! Die Natur wird sich nach Ihnen nicht richten; was gehen die Natur Ihre Wünsche an und ob ihre Gesetze Ihnen gefallen oder missfallen. Sie müssen die Natur so nehmen, wie sie ist, und folglich auch ihre Resultate. Mauer bleibt also Mauer … usw. usw.« Herrgott, was gehen mich aber die Naturgesetze und die Arithmetik an, wenn mir diese Gesetze und das Zwei-mal-zwei-gleich-vier nicht gefallen? Versteht sich, ich werde in eine solche Mauer mit der Stirn keine Bresche schlagen können, wenn ich tatsächlich die Kraft dazu nicht habe, aber ich werde mich mit ihr auch nicht abfinden, bloß, weil ich vor einer Mauer stehe und meine Kräfte nicht ausreichen.

Als ob eine solche Mauer tatsächlich eine Beruhigung wäre, als ob sie den geringsten Trost enthielte, einzig, weil sie zwei mal zwei gleich vier ist. Oh, Ungereimtheit aller Ungereimtheiten! Eine ganz andere Sache ist es doch: alles verstehen, alles einsehen, alle Unmöglichkeiten und alle Mauern; mit keiner Unmöglichkeit und mit keiner Mauer sich zufriedengeben, wenn einem das Sich-Zufriedengeben zuwider ist, mittels unausweichlicher logischer Kombinationen zu den allerwiderlichsten Schlüssen gelangen über das ewige Thema, dass man sogar an der Mauer irgendwie selbst schuld ist, obgleich es sich mit größter Klarheit zeigt, dass man durchaus schuldlos ist, infolgedessen schweigend und machtlos zähneknirschend wollüstig in Trägheit verweilen in dem Gedanken, dass es nicht einmal einen Grund gibt, sich über jemanden zu ärgern; dass überhaupt kein Objekt vorhanden ist und sich wahrscheinlich nie eines finden lassen wird, dass hier ein Betrug vorliegt, eine Falschspielerei, einfach eine Pfütze – unbekannt was, unbekannt wer, aber ungeachtet all der Ungewissheit und Täuschung leidet man doch, und je mehr einem unbekannt ist, umso mehr leidet man.

IV

»Ha-ha-ha! Dann werden Sie ja auch an Zahnschmerzen Genuss finden!«, werden Sie lachend ausrufen.

Warum nicht, auch im Zahnschmerz liegt ein Genuss, antworte ich. Einmal habe ich einen ganzen Monat Zahnschmerzen gehabt; ich weiß, dass es das gibt. Hierbei leidet man natürlich nicht stumm – man stöhnt; aber dieses Gestöhn ist kein aufrichtiges, es ist ein hinterhältiges Gestöhn, und um diese Hinterhältigkeit geht es ja. Gerade in diesem Gestöhn drückt sich der Genuss des Leidenden aus; empfände er keinen Genuss – so würde er auch nicht stöhnen. Das ist ein gutes Beispiel, meine Herrschaften, ich will bei ihm länger verweilen. In diesem Stöhnen drückt sich erstens die ganze für unser Bewusstsein erniedrigende Zwecklosigkeit dieses Schmerzes aus; die ganze Naturgesetzmäßigkeit, die man zwar zutiefst verachtet, durch die man aber trotzdem leiden muss. Die Natur aber nicht. Man kommt zu der Einsicht, dass man zwar keinen Feind, aber einen zugefügten Schmerz hat; zu der Einsicht, dass man samt diversen Ärzten restlos Sklave seiner Zähne ist; dass, falls es ein Jemand wünscht, die Zähne nicht mehr schmerzen, wünscht er es aber nicht, so werden sie noch weitere drei Monate schmerzen; und schließlich, wenn man sich noch immer nicht abfinden und noch immer auflehnen will, bleibt einem zu seiner Beruhigung höchstens noch übrig, sich selbst durchzuprügeln oder mit der Faust möglichst schmerzhaft auf seine Mauer einzuschlagen, sonst aber absolut nichts. Nun, gerade mit diesen Kränkungen bis aufs Blut, mit diesem Hohn, unbekannt von wem, beginnt schließlich der Genuss, der sich zuweilen bis zu höchster Wollust steigern kann. Ich bitte Sie, meine Herrschaften, hören Sie sich doch irgendwann einmal in das Gestöhn eines gebildeten Menschen des neunzehnten Jahrhunderts hinein, wenn er an Zahnschmerzen leidet, etwa am zweiten oder dritten Tag seiner Krankheit, wenn er nicht mehr so stöhnt wie am ersten Tag, das heißt, nicht nur einfach, weil seine Zähne schmerzen; nicht wie irgendein gewöhnlicher Bauer, sondern wie ein Mensch, der der Bildung und der europäischen Zivilisation teilhaft geworden ist, wie ein Mensch, der sich ›von Heimatboden und

Volksgeist getrennt hat‹, wie man sich jetzt auszudrücken pflegt. Sein Gestöhn wird übel, boshaft, gemein und hält Tag und Nacht an. Dabei weiß er ja selbst, dass dieses Stöhnen ihm nicht den geringsten Vorteil bringen kann; er weiß am allerbesten, dass er damit ganz umsonst sich selbst und andere peinigt und reizt; er sieht sogar ein, dass das Publikum, vor dem er sich solche Mühe gibt, seine ganze Familie, bereits Widerwillen empfindet, ihm nicht für einen Pfennig glaubt und bei sich denkt, dass er auch anders, schlichter, stöhnen könnte, ohne Rouladen und Triller, dass er nur aus Bosheit und Hinterhältigkeit Mutwillen treibt. Aber in diesen Einsichten und in dieser Schmach liegt ja gerade die Wollust. »Zugegeben, ich falle euch zur Last, ich zerreiße euch das Herz, gönne keinem im Hause Schlaf. So wacht denn auch, fühlt jeden Augenblick mit, dass ich Zahnschmerzen habe. Jetzt bin ich für euch nicht mehr der Held, der ich früher scheinen wollte, sondern einfach ein Ekel, ein Hanswurst. Umso besser. Freut mich, dass ihr mich durchschaut. Mein niederträchtiges Gestöhn widert euch an? Umso besser; gleich werde ich euch eine noch widerlichere Roulade vorstöhnen ...« Können Sie es immer noch nicht begreifen, meine Herrschaften? Nein, es scheint doch, dass man recht weit in seiner Entwicklung und in seinem Bewusstsein fortgeschritten sein muss, um alle Feinheiten dieser Wollust empfinden zu können. Sie lachen? Freut mich. Meine Witze sind selbstverständlich abgeschmackt, niveaulos, verworren, voll von tiefstem Selbstmisstrauen. Dies aber rührt daher, dass ich mich selbst nicht achte. Kann denn ein bewusster Mensch sich überhaupt noch irgendwie achten?

V

Nun, wie ist es denn möglich, wie kann ein Mensch sich auch im Geringsten achten, der danach trachtet, gerade in dem Gefühl eigener Erniedrigung einen Genuss zu finden? Ich sage das nicht aus irgendeiner Anwandlung süßlicher Reue. Überhaupt habe ich es nie leiden können, dieses: »Verzeihung, Papachen, ich werde nicht mehr …« – weniger, weil ich nicht fähig gewesen wäre, so etwas zu sagen, sondern im Gegenteil. Vielleicht, weil ich gerade eilfertig dazu bereit war, viel zu bereit? Absichtlich ließ ich mich beschuldigen in Fällen, in denen ich völlig unschuldig war. Das war ja gerade das Schlimme. Dabei verging ich fast vor Rührung, vor Reue, ich vergoss Tränen und, versteht sich, hielt mich selbst zum Besten, wobei ich auch nicht im Geringsten heuchelte. Sogar das Herz machte irgendwie mit … Hier ließen sich nicht einmal die Naturgesetze beschuldigen, obwohl gerade die Naturgesetze mich fortwährend und am meisten das ganze Leben lang beleidigten. Es ist widerlich, sich daran zu erinnern, und auch damals schon war es widerlich. Denn bereits nach einer Minute erkannte ich mit Widerwillen, dass das alles Lüge, ekelhafte, vorsätzliche Lüge war, ich meine all diese Reue, all diese Rührung, all diese Gelübde, sich zu bessern. Fragen Sie mich aber, warum ich mich selbst so verunstaltete und peinigte? Antwort: weil es gar zu langweilig war, mit den Händen im Schoß still dazusitzen – so begann ich denn, vor mir selbst Haken zu schlagen. Wahrhaftig, so war es. Beobachten Sie sich selbst, meine Herrschaften, und Sie werden begreifen, dass es so ist. Ich habe mir Abenteuer ausgedacht und das Leben selbst zurechtgedichtet, um wenigstens auf irgendeine Weise zu leben. Wie oft ist es geschehen, dass ich mir, sagen wir, beleidigt vorkam, so, ohne jeden Grund, absichtlich; und obwohl ich selbst wusste, dass ich überhaupt keinen Grund hatte, dass ich mir selbst etwas vormachte, brachte ich mich trotzdem so weit, dass ich mich schließlich tatsächlich tief gekränkt fühlte. Irgendwie neigte ich mein ganzes Leben dazu, derartige Kunststücke vorzuführen, bis ich schließlich meiner selbst nicht mehr mächtig war. Einmal wollte ich mich um jeden Preis verlieben, zweimal sogar, ich habe gelitten, meine Herrschaften, seien Sie versichert. Im tiefsten Grund der Seele zwar traut man dem Leiden nicht so ganz, dort regt sich der Hohn. Und dennoch leide ich, und zwar auf die wirkliche, übliche Weise; bin eifersüchtig, gerate außer mir ... Und alles aus Langeweile, meine Herrschaften, alles aus Langeweile; die Trägheit erdrückt mich, denn die direkte, legitime, unmittelbare Frucht des Bewusstseins – ist Trägheit, das heißt bewusstes Hände-im-Schoß-Dasitzen. Das habe ich schon früher erwähnt. Ich wiederhole, wiederhole nachdrücklich: Alle unmittelbaren und alle Tatmenschen sind ja nur tätig, weil sie stumpfsinnig und beschränkt sind. Wie sich das erklären lässt? Folgendermaßen: Infolge ihrer Beschränktheit nehmen sie die augenscheinlichen und zweitrangigen Ursachen für die primären und lassen sich auf diese Weise rascher und leichter als die anderen überzeugen, dass sie einen unanfechtbaren Grund für ihre Tätigkeit gefunden haben; damit geben sie sich zufrieden, und das ist die Hauptsache. Denn, um eine Tätigkeit zu beginnen, muss man restlos beruhigt und aller Zweifel enthoben sein. Nun, wie soll ich zum Beispiel mich beruhigen? Wo sind meine primären Gründe, auf die ich mich stützen kann, wo meine Ursachen? Woher nehme ich sie? Ich übe mich im Denken, folglich zieht bei mir jeder primäre Grund einen anderen nach sich, der noch primärer ist, und so geht es weiter bis ins Endlose. Darin besteht das Wesen jeglichen Bewusstseins und Denkens. Somit sind wir schon wieder bei den Naturgesetzen. Und was ist also das Resultat? Dasselbe. Sie erinnern sich: Vorhin sprach ich von der Rache (Sie haben es bestimmt nicht verstehen können). Da hieß es: Der Mensch rächt sich, weil er es für gerecht hält. Folglich fand er einen primären Grund, nämlich: die Gerechtigkeit. Also ist er rundum beruhigt und rächt sich friedlich und erfolgreich in der tiefen Überzeugung, eine ehrliche und gerechte Tat zu vollbringen. Ich dagegen kann hier keine Gerechtigkeit sehen und schon gar keine Tugend. Wollte ich mich also trotzdem noch rächen, so könnte es allenfalls aus Bosheit geschehen. Die Bosheit könnte, versteht sich, alles übertönen, alle meine Zweifel, und somit mit vollem Erfolg den primären Grund abgeben, gerade weil sie kein Grund sein kann. Aber was soll ich tun, da ich nicht einmal böse bin (davon bin ich vorhin ausgegangen). Auch die Bosheit unterliegt bei mir infolge dieser verwünschten Gesetze des Bewusstseins einer chemischen Zersetzung. Bei näherem Betrachten verflüchtigt sich das Objekt, die Gründe verdunsten, ein Schuldiger ist nicht aufzutreiben, die Beleidigung bleibt nicht Beleidigung, sondern wird Fatum, eine Art Zahnschmerz, an dem keiner schuld ist, und so bleibt wiederum nur ein Ausweg, nämlich die Mauer so schmerzhaft wie möglich zu bearbeiten. Und schließlich zuckt man mit den Schultern, denn der primäre Grund bleibt unauffindbar. Versucht man aber, blindlings, ohne abzuwägen, ohne primären Grund für einen Augenblick das Bewusstsein vertreibend, sich vom Gefühl hinreißen zu lassen; lässt man sich von Hass oder Liebe ergreifen, nur, um nicht mit den Händen im Schoß stillzusitzen – übermorgen, das ist die allerletzte Frist, wirst du dich selbst verachten, weil du dich selbst wissentlich betrogen hast. Resultat: Seifenblase und Trägheit. Oh, meine Herrschaften, vielleicht halte ich mich nur deswegen für einen klugen Menschen, weil ich in meinem ganzen Leben weder etwas habe beginnen noch beenden können. Schon gut, schon gut, ich mag ein Schwätzer sein, ein harmloser, lästiger Schwätzer, wie wir es ja alle sind. Aber was soll man denn tun, wenn die einzige und direkte Bestimmung eines jeglichen klugen Menschen in Schwatzen besteht: das heißt darin, mit Vorsatz leeres Stroh zu dreschen.

VI

Oh, wenn ich doch nur aus Faulheit untätig wäre. Herrgott, wie würde ich mich dann achten. Ich würde mich gerade deswegen achten, weil ich dann doch fähig wäre, wenigstens faul zu sein; dann besäße ich wenigstens eine gewissermaßen positive Eigenschaft, von der ich dann auch selbst überzeugt sein könnte. Frage: Wer ist das? Antwort: ein Faulpelz; aber ich bitte Sie, das hört sich doch äußerst angenehm an, das heißt, man ist definitiv bestimmt, das heißt, es gibt etwas, was sich über mich sagen lässt. »Ein Faulpelz!« – aber das ist doch Titel und Bestimmung, das ist doch eine Karriere, meine Herrschaften. Scherz beiseite, so ist es! Dann bin ich rechtmäßiges Mitglied eines renommierten Vereins und achte mich unablässig. Ich kannte einen Herrn, der sein Leben lang stolz darauf war, sich auf Lafitte-Weine zu verstehen. Er hielt das für einen ausgesprochenen Vorzug und zweifelte nie an sich selbst. Er starb nicht nur mit ruhigem, sondern mit einem triumphierenden Gewissen und war damit vollkommen im Recht. Dann hätte ich auch Karriere gemacht, ich wäre ein Faulpelz und Vielfraß geworden, doch beileibe kein gewöhnlicher, sondern einer mit Sinn für das Schöne und Erhabene. Was halten Sie davon? Ich träumte schon lange davon. Dieses ›Schöne und Erhabene‹ hat mir doch vierzig Jahre lang schwer im Magen gelegen; das sage ich jetzt, mit meinen vierzig Jahren, damals aber – oh, damals wäre alles ganz anders geworden! Damals hätte ich sofort eine entsprechende Tätigkeit gefunden – und zwar: auf das Wohl alles Schönen und Erhabenen zu trinken. Ich hätte jede Gelegenheit ergriffen, zuerst eine Träne in mein Glas fallen zu lassen und es dann auf das Wohl des Schönen und Erhabenen zu leeren. Alles auf der Welt würde ich dann in Schönes und Erhabenes verwandelt und noch im ekelhaftesten, unzweifelhaften Dreck Schönes und Erhabenes gefunden haben. Ich hätte die Gabe erlangt, Tränen zu vergießen wie ein nasser Schwamm. Der Maler Gay zum Beispiel malt ein Bild – sofort trinke ich auf die Gesundheit des Künstlers Gay, der das Bild gemalt hat, denn ich liebe alles Schöne und Erhabene. Ein Schriftsteller schreibt, »wie es euch gefällt«; sofort trinke ich auf das Wohl dessen, »was euch gefällt«, denn ich liebe das Schöne und Erhabene. Achtung würde ich deshalb für mich heischen und jeden verfolgen, der mir nicht Achtung zollt. Ich lebe ruhig, ich sterbe feierlich – das ist ja reizend, wirklich reizend! Und was für einen

Schmerbauch hätte ich mir zugelegt, welch dreifaches Doppelkinn! Über eine Schnapsnase würde ich verfügen, bei deren Anblick jeder ausrufen müsste: »Das ist aber ein Plus! Das ist mal wirklich was Positives!« Sagen Sie, was Sie wollen, meine Herrschaften, aber solche Äußerungen klingen doch in unserem negativen Zeitalter außerordentlich angenehm.

VII

Doch das sind alles goldene Träume. Oh, sagen Sie bitte, wer hat als Erster verkündigt, wer zuerst bekanntgemacht, dass der Mensch nur deswegen Gemeinheiten begehe, weil er seine wahren Interessen nicht kenne; und dass, wollte man ihn aufklären, ihm die Augen für diese wahren, normalen Interessen öffnen, der Mensch sofort aufhören würde, Gemeinheiten zu begehen; er würde gut und edel werden, denn einmal aufgeklärt und seinen eigentlichen Vorteil einsehend, müsste er seinen Vorteil in dem Guten finden, denn bekanntermaßen könne niemand vorsätzlich gegen seinen eigenen Vorteil handeln. Folglich würde der aufgeklärte Mensch gewissermaßen aus Notdurft das Gute tun. O Unschuld! O heilige Unschuld! Wann ist es denn schon vorgekommen im Laufe all dieser verflossenen Jahrtausende, dass der Mensch einzig und allein um des eigenen Vorteils willen gehandelt hätte? Wohin mit den Millionen von Tatsachen, die da bezeugen, dass Menschen *vorsätzlich*, das heißt bei voller Einsicht in ihren wirklichen Vorteil, diesen dennoch hintansetzten und einen anderen Weg einschlugen, das Wagnis, das Geratewohl, von keinem und durch nichts dazu gezwungen, allein aus Auflehnung gegen den vorgezeichneten Weg, und sich hartnäckig und eigenwillig einen anderen, mühseligen, bahnten, einen absurden, zuweilen im Stockfinstern herumtappend. Das bedeutet doch, dass ihnen diese Hartnäckigkeit und dieser Eigenwille bei weitem lieber waren als jeder Vorteil … Vorteil! Was ist Vorteil? Könnten Sie sich etwa anmaßen, ganz genau anzugeben, worin eigentlich der menschliche Vorteil besteht, wenn es nicht selten vorkommt, dass der menschliche Vorteil nicht nur darin bestehen kann, sondern sogar bestehen muss, sich das Schlechte und nicht das Vorteilhafte zu wünschen? Sollte das aber sein, wird *einmal* die Möglichkeit eines solchen Falles zugegeben, so ist die ganze Regel über den Haufen geworfen. Und was meinen Sie, kann es einen solchen Fall geben oder nicht? Sie lachen; lachen Sie nur, meine Herrschaften, aber antworten Sie auch: Sind denn die menschlichen Vorteile richtig registriert? Gibt es nicht auch solche, die nicht nur nicht klassifiziert sind, sondern die sich überhaupt nicht klassifizieren lassen? Haben Sie doch, meine Herrschaften, soviel ich weiß, Ihr ganzes Register der menschlichen Vorteile dem statistischen Durchschnitt und den nationalökonomischen Formeln entnommen. Ihre Vorteile sind doch – Wohlergehen, Reichtum, Freiheit, Bequemlichkeit usw. usw., so dass ein Mensch, beispielsweise, der sich unmissverständlich und vorsätzlich gegen dieses Register auflehnt, nach Ihrer Meinung und, nun ja, selbstverständlich auch nach meiner, entweder ein Obskurant oder ein völlig Verrückter sein müsste, nicht wahr? Aber bei alledem ist doch eines verwunderlich: Wie kommt es, dass all diese Statistiker, Weisen und Menschenfreunde beim Errechnen der menschlichen Vorteile fortwährend einen ganz bestimmten Vorteil übersehen. Mit ihm wird gar nicht gerechnet, zumal nicht so, wie mit ihm gerechnet werden müsste, davon aber hängt die ganze Rechnung ab. Es wäre weiter kein besonderer Aufwand, man hätte diesen Vorteil in Augenschein nehmen und einfach auf die Liste setzen können. Das Unglück liegt aber darin, dass dieser eigenartige Vorteil sich überhaupt nicht klassifizieren und in keine Liste aufnehmen lässt. So habe ich zum Beispiel einen Freund ... aber meine Herrschaften, er ist ja bestimmt auch Ihr Freund; und überhaupt, wessen Freund, ja wessen Freund ist er denn nicht? Angesichts einer Aufgabe wird dieser Herr Ihnen sofort beredt und deutlich auseinandersetzen, wie er gemäß den Gesetzen der Vernunft und der Wahrheit handeln muss. Nicht genug, er wird mit Feuer und Leidenschaft über die wahren, normalen menschlichen Interessen deklamieren; er wird spöttisch die kurzsichtigen Dummköpfe zurechtweisen, die weder ihre eigenen Vorteile noch die wahre Bedeutung der Tugend erkennen und – schon in der nächsten Viertelstunde, ohne jeden äußeren Anlass, aber aus irgendeinem inneren, der sich stärker als all seine Interessen erweist, wird er einen Haken schlagen, das heißt, er wird offen gegen alles vorgehen, was er selbst behauptet hat: gegen die Gesetze der Vernunft, gegen den eigenen Vorteil, also, mit einem Wort, gegen alles. Ich möchte vorausschicken, dass mein Freund ein Kollektivum ist und dass es darum nicht gut angeht, ihn allein zu beschuldigen. Das ist es ja gerade, meine Herrschaften, gibt es denn nicht wirklich etwas, das fast jedem Menschen wertvoller ist als seine besten Vorteile? Man könnte wohl sagen (um nicht gegen die Logik zu verstoßen), es gibt da solch einen vorteilhaftesten Vorteil (eben den ausgelassenen, den wir vorhin erwähnten), einen Vorteil, wichtiger und vorteilhafter als alle anderen Vorteile, um dessentwillen der Mensch bereit ist, wenn es darauf ankommt, sämtliche Gesetze umzustoßen, das heißt, wider Vernunft, Ehre, Ruhe, Wohlergehen zu handeln – kurz, gegen all diese ausgezeichneten und nützlichen Werte, allein um diesen ureigenen, vorteilhaftesten Vorteil, der ihm am teuersten ist, zu erlangen.

»Aber es geht doch wieder um Vorteile!«, unterbrechen Sie mich.

Erlauben Sie, meine Herrschaften, wir werden uns noch verständigen, mir ist es nicht um ein Wortspiel zu tun, sondern darum, dass dieser Vorteil gerade deswegen bemerkenswert ist, weil er unsere ganzen Klassifikationen zerstört und auch alle Systeme, die von den Menschenfreunden zum Wohl des Menschengeschlechts aufgestellt wurden, immer wieder sprengt. Kurz, er ist ein Hindernis. Aber bevor ich Ihnen diesen Vorteil nennen werde, möchte ich mich persönlich kompromittieren und verkünde darum dreist, dass all diese ausgezeichneten Systeme, diese ganzen Theorien zur Aufklärung der Menschheit über ihre eigentlichen, normalen Interessen, auf dass sie, zwangsläufig diesen Interessen nachgehend, sofort gut und edel werde – zunächst, meiner Meinung nach, nichts als Logistik sind. Jawohl, Logistik. Eine Theorie der Wiedererneuerung des Menschengeschlechts zu vertreten, zum Beispiel durch das System der eigenen Vorteile, das ist meines Erachtens beinahe dasselbe, wie mit Buckle zu behaupten, der Mensch werde durch die Zivilisation sanfter, folglich weniger blutrünstig und weniger kriegslustig. Er kommt zu dieser

Schlussfolgerung, glaube ich, gemäß der Logik. Der Mensch hat aber eine solche Vorliebe für Systeme und abstrakte Schlussfolgerungen, dass er bereit ist, die Wahrheit willentlich zu entstellen, Augen und Ohren zuzuhalten, nur um seine Logik zu rechtfertigen. Deswegen greife ich auch zu diesem Beispiel, weil es ein viel zu grelles Beispiel ist. Aber sehen Sie sich um: Blut fließt in Strömen, dazu noch auf die fidelste Art und Weise wie Champagner. Da haben Sie unser neunzehntes Jahrhundert, in dem auch Buckle zu Hause ist. Da haben Sie Napoleon, sowohl den Großen als auch den jetzigen. Da haben Sie Nordamerika, die ewige Union. Da haben Sie schließlich die Karikatur Schleswig-Holstein ... Und was hat die Zivilisation in uns besänftigt? Die Zivilisation bringt im Menschen nur Differenziertheit der Empfindungen hervor und ... nichts weiter. Aber gerade durch die Pflege dieser Differenziertheit wird der Mensch womöglich noch so weit gehen, dass er auch im Blutvergießen einen Genuss finden wird. So etwas ist schon bei ihm vorgekommen. Ist Ihnen nicht aufgefallen, dass die schlimmsten Blutvergießer fast ausnahmslos höchst zivilisierte Herrschaften waren, denen all diese Attilas und Stenka Rasins nicht das Wasser reichen konnten? Und wenn sie nicht so auffallen wie Attila und Stenka Rasin, so rührt das nur daher, dass sie allzu häufig vorkommen, allzu gewöhnlich sind, allzu vertraut. Jedenfalls wurde der Mensch durch die Zivilisation, wo nicht noch blutrünstiger, so doch gewiss blutrünstig auf üblere, gemeinere Art. Früher hielt er das Blutvergießen für Gerechtigkeit und vertilgte mit ruhigem Gewissen, wen er zu vertilgen hatte; jetzt aber halten wir das Blutvergießen zwar für eine Gemeinheit, können aber von dieser Gemeinheit nicht lassen und treiben es ärger denn je. Was ist schlimmer? – Entscheiden Sie selbst. Man erzählt, Kleopatra (ich bitte das Beispiel aus der römischen Geschichte zu entschuldigen) habe besonders gern mit goldenen Nadeln in die Brüste ihrer Sklavinnen gestochen und sich an ihren Schreien und Krämpfen ergötzt. Sie werden einwenden, dass dies in einem relativ barbarischen Zeitalter gewesen sei; dass wir auch jetzt noch in einem barbarischen Zeitalter leben, denn (wiederum relativ gemeint) auch jetzt steche man noch mit Nadeln, und dass der Mensch auch jetzt noch, obwohl er schon gelernt habe, zuweilen klarer zu erkennen als in barbarischen Zeiten, bei weitem nicht *gewöhnt* sei, so zu handeln, wie ihm Vernunft und Wissenschaft gebieten. Immerhin sind Sie vollkommen überzeugt, dass er sich unbedingt daran gewöhnen werde, sobald sich gewisse alte dumme Angewohnheiten verlieren und gesunder Verstand nebst Wissenschaft die menschliche Natur vollständig umerzogen und normal ausgerichtet haben würden. Sie sind überzeugt, der Mensch werde dann von selbst, *gutwillig* seine Fehler unterlassen und zwischen dem eigenen Willen und seinen normalen Interessen sozusagen nicht mehr unterscheiden. Noch mehr: Dann, werden Sie sagen, wird die Wissenschaft selbst dem Menschen beibringen (wenn das auch schon Luxus ist, meiner Meinung nach), dass er in Wirklichkeit weder Wille noch Laune besitzt, ja nie besessen hat, und dass er selbst nichts anderes ist als eine Art Klaviertaste oder Drehorgelstift; und darüber hinaus ist die Welt von Naturgesetzen bestimmt; so dass alles, was er auch tun mag, durchaus nicht nach seinem Wunsch und Willen, sondern ganz von alleine, nach Naturgesetzen abläuft. Folglich braucht man nur diese Naturgesetze zu entdecken, und der Mensch wird sogleich für seine Handlungen nicht mehr verantwortlich sein und ein ungemein bekömmliches Leben beginnen. Selbstverständlich wird dann alles menschliche Handeln nach diesen Gesetzen errechnet werden, mathematisch, in einer Art Logarithmentafel, bis 108 000, erfasst und in einen Kalender eingetragen; oder noch besser, es werden verschiedene wohlgemeinte Werke erscheinen, etwa in der Art heutiger enzyklopädischer Lexika, in denen alles so genau ausgerechnet und aufgeführt ist, dass es auf der Welt hinfort weder Handeln noch Abenteuer geben wird. Dann – das sagen immer noch Sie, meine Herrschaften – werden die neuen wirtschaftlichen Verhältnisse eintreten, fix und fertig und ebenfalls mit mathematischer Genauigkeit vorausberechnet, so dass im Handumdrehen alle möglichen Probleme verschwinden werden, nämlich deshalb, weil man alle möglichen Lösungen bereits besitzt. Dann wird man einen Kristallpalast errichten. Dann ... Nun, mit einem Wort, dann kommt der Wunschvogel geflogen. Selbstverständlich kann man auf keinen Fall garantieren (das sage jetzt ich), dass es dann zum Beispiel nicht furchtbar langweilig sein wird (denn was soll man noch tun, wenn alles schon nach der Tabelle berechnet ist), dafür aber wird alles außerordentlich vernünftig zugehen. Selbstverständlich, auf was alles kann man nicht aus Langeweile verfallen! Auch mit goldenen Nadeln wird doch aus Langeweile gestochen, und das wäre nicht einmal das Schlimmste. Schlimm ist nur (das sage immer noch ich), dass dann die goldenen Nadeln womöglich erwünscht sein werden. Denn der Mensch ist dumm, phänomenal dumm; das heißt, wenn er auch durchaus nicht dumm ist, so ist er doch undankbar, so undankbar, dass man seinesgleichen nicht finden kann. Es sollte mich nicht im Geringsten wundern, wenn, inmitten der künftigen allgemeinen Vernünftigkeit, mir nichts dir nichts plötzlich irgendein Gentleman auftauchen und ohne Anstand oder, genauer gesagt, mit einer rückschrittlichen und höhnischen Miene, die Hände in die Seiten gestemmt, uns allen vorschlagen würde: Wie wäre es, meine Herrschaften, sollten wir nicht diese ganze Vernünftigkeit mit einem Fußtritt zertrümmern, einzig in der Absicht, all diese Logarithmen zum Teufel zu jagen und allein nach unserem unvernünftigen Willen zu leben! Das wäre noch nicht schlimm, aber leider wird er zweifellos Gesinnungsgenossen finden: der Mensch ist nun einmal so geschaffen. Und das alles aus einem absolut unwesentlichen Grunde, den zu erwähnen überhaupt nicht lohnt: nämlich deshalb, weil der Mensch immer und überall, wer er auch sei, stets so zu handeln vorzieht, wie er will, und durchaus nicht so, wie ihm Vernunft und Vorteil diktieren; wollen aber kann man auch gegen den eigenen Vorteil, zuweilen ist es *unbedingt notwendig* (das ist nun meine Idee). Sein eigenes uneingeschränktes und freies Wollen, seine eigene, selbst die allerausgefallenste Laune, seine Phantasie, die zuweilen bis zur Verrücktheit verschroben sein mag – das, gerade das ist ja jener übersehene allervorteilhafteste Vorteil, der sich nicht klassifizieren lässt und durch den alle Systeme und Theorien fortwährend zum Teufel gehen. Und wie kommen diese Besserwisser darauf, dass der Mensch auf irgendein normales, irgendein tugendhaftes Wollen angewiesen ist? Woher wollen sie wissen, dass der Mensch auf irgendein unbedingt vernünftig-vorteilhaftes Wollen angewiesen ist? Der Mensch ist einzig und allein auf das *selbständige* Wollen angewiesen, was diese Selbständigkeit auch kosten und wohin sie auch führen mag. Nun, das Wollen, weiß der Teufel …

VIII

»Ha-ha-ha, aber das Wollen gibt es ja eigentlich gar nicht, wenn man es recht besieht!«, unterbrechen Sie mich lachend. »Die Wissenschaft hat den Menschen heute schon so weit auseinanderanatomiert, dass bereits bekannt ist, dass der sogenannte freie Wille und das Wollen nichts anderes ist als …«

Warten Sie, meine Herrschaften, ich wollte selbst davon anfangen. Offen gestanden, ich bin direkt erschrocken. Ich wollte gerade ausrufen, dass das Wollen weiß der Teufel wovon abhängt und dass wir dafür unter Umständen Gott danken müssen, aber da fiel mir plötzlich die Wissenschaft ein und … und ich hielt den Mund. Da fingen Sie auch schon an. In der Tat, fände man wirklich einmal die Formel unseres Willens und unserer Launen, das heißt ihren Grund und das Gesetz ihrer Entstehung, ihrer Ausbreitung, ihrer Richtung in diesem und in jenem Fall usw. usw., das heißt die richtige mathematische Formel – so würde der Mensch womöglich augenblicklich aufhören zu wollen, ja, er würde sogar mit Sicherheit aufhören. Was ist denn das für ein Vergnügen, nach einer Tabelle zu wollen? Das wäre ja auch noch nicht alles: Er verwandelte sich dann augenblicklich aus einem Menschen in einen Drehorgelstift oder etwas Derartiges; was ist denn ein Mensch ohne Wünsche, ohne Willen und ohne Begehren anderes als ein

Stiftchen an einer Drehorgelwalze? Was meinen Sie? Rechnen wir doch die Wahrscheinlichkeit durch – kann das geschehen oder nicht?

»Hm …!«, meinen Sie daraufhin, »unser Begehren ist meistenteils fehlerhaft infolge der fehlerhaften Auffassung von unseren Vorteilen. Darum streben wir zuweilen nach barem Unsinn, weil wir infolge unserer Dummheit in diesem Unsinn den leichtesten Weg zum Erlangen irgendeines vermeintlichen Vorteils sehen. Nun, wenn aber alles erklärt, schwarz auf weiß ausgerechnet sein wird (was durchaus anzunehmen ist, denn es wäre ekelhaft und sinnlos, vorauszusetzen, dass manche Naturgesetze für den Menschen unbegreiflich bleiben werden), dann wird es selbstverständlich dieses sogenannte Wollen nicht mehr geben. Denn wenn das Begehren einmal mit der Vernunft vollständig zusammengefallen ist, so werden wir dann eben urteilen, nicht aber wollen, aus dem einfachen Grunde, weil man doch beispielsweise bei vollem Bewusstsein nichts Sinnloses *wollen* und somit wissentlich gegen seine Vernunft handeln und Unvorteilhaftes wünschen kann … Da man aber alle Urteile und auch alles Begehren tatsächlich einmal berechnet haben wird, denn irgendeinmal wird man die Gesetze unseres sogenannten freien Willens entdecken, wird es folglich einmal eben zu so einer Art Tabelle kommen, im Ernst, so dass wir wirklich nach dieser Tabelle wollen werden. Denn rechnet man mir zum Beispiel irgendwann vor und beweist, dass, wenn ich jemandem die Zunge herausgestreckt habe, ich dies einzig und allein deshalb tat, weil ich es nicht unterlassen konnte, und dass ich sie mit genau derselben Grimasse habe herausstrecken müssen, dann möchte ich bloß wissen, was da noch *Freies* in mir übrigbleibt, besonders, wenn ich gebildet bin und ein Studium hinter mir habe? Dann kann ich mein ganzes Leben auf dreißig Jahre vorausberechnen; mit einem Wort, wenn es einmal dazu kommt, wird uns nichts mehr zu tun übrig bleiben: man wird alles begreifen müssen. Und überhaupt müssen wir uns unermüdlich vorsagen, dass in einem bestimmten Augenblick und unter gewissen Umständen die Natur sich über uns hinwegsetzt; man muss sie nehmen, wie sie ist, nicht aber so, wie wir sie uns zurechtphantasieren, und wenn wir tatsächlich auf die Tabelle, den Kalender, nun, und ... meinetwegen auch auf die Retorte zustreben, so muss man – was will man schon machen – auch die Retorte akzeptieren! Andernfalls akzeptiert sie sich selbst über Ihren Kopf hinweg ...«

Jawohl, aber hier sehe ich einen Haken! Meine Herrschaften, Sie werden verzeihen, dass ich mich hinreißen lasse und zu philosophieren anfange; das sind die vierzig Jahre Kellerloch! Gestatten Sie mir zu phantasieren. Mit Verlaub: Verstand, meine Herrschaften, ist eine gute Sache, das wird niemand bestreiten. Aber Verstand bleibt Verstand und genügt lediglich der Verstandesfähigkeit des Menschen. Das Wollen dagegen ist die Offenbarung des ganzen Lebens, das heißt des ganzen menschlichen Lebens, sowohl Verstand als auch alles andere Jucken eingeschlossen. Und wenn sich auch unser Leben in dieser Offenbarung oftmals als rechte Nichtswürdigkeit erweist, ist es doch immerhin Leben und nicht nur Quadratwurzelziehen. Denn ganz selbstverständlich will ich leben, um meine gesamte Lebensfähigkeit zu befriedigen, nicht aber um zum Beispiel meiner Verstandesfähigkeit Genüge zu tun, das heißt irgendeinem zwanzigsten Teil meiner gesamten

Lebensfähigkeit. Was weiß der Verstand? Der Verstand weiß nur das, was er schon erfahren hat (manches wird er unter Umständen nie erfahren: das ist zwar kein Trost, aber warum sollte es nicht einmal ausgesprochen werden?), die menschliche Natur aber wirkt stets als Ganzes, mit allem, was in ihr ist, bewusst und unbewusst, und lügt sie auch, so lebt sie doch. Ich vermute, meine Herrschaften, Sie schauen mitleidig auf mich herab. Sie wiederholen mir von neuem, dass es für einen gebildeten und entwickelten Menschen, kurz, für den künftigen Menschen, unmöglich sein werde, wissentlich etwas für ihn Unvorteilhaftes zu wünschen, dass dies Mathematik sei. Ich stimme mit Ihnen vollkommen überein, das ist wirklich Mathematik. Trotzdem aber sage ich Ihnen zum hundertsten Male: Diesen Fall gibt es, einen einzigen Fall, in dem sich der Mensch absichtlich, wissentlich Schädliches, Dummes, ja sogar das Allerdümmste wünscht, und zwar: um das *Recht zu haben*, sich sogar das Dümmste wünschen zu können und nicht gebunden zu sein durch die Pflicht, sich nur Kluges wünschen zu müssen. Gerade dieses Allerdümmste, gerade diese eigene Laune kann ja, meine Herrschaften, in der Tat für unsereinen das Vorteilhafteste von allem sein, was es auf Erden gibt, zumal in gewissen Fällen. Insbesondere kann es sogar vorteilhafter sein als alle Vorteile, selbst dann, wenn es uns offensichtlich Schaden bringt und den allergesündesten Schlüssen unseres Verstandes über unsere Vorteile widerspricht – denn es erhält uns jedenfalls das Allerhauptsächlichste und Allerteuerste, unsere Persönlichkeit und unsere Individualität. Es gibt manche, die behaupten, dass eben diese für den Menschen wirklich das Teuerste seien; das Wollen kann freilich, sooft es will, mit dem Verstand übereinstimmen, besonders, wenn man Letzteren nicht missbraucht, sondern sich seiner maßvoll bedient; das ist sowohl bekömmlich als auch zuweilen lobenswert. Sehr oft aber widerspricht nun das Wollen dem Verstand entschieden und hartnäckig, und wissen Sie, dass auch das bekömmlich und sogar manches Mal sehr lobenswert ist? Meine Herrschaften, nehmen wir an, der Mensch sei nicht dumm (das kann man wirklich unter keinen Umständen von ihm behaupten, schon aus dem Grunde nicht, weil es, wenn er dumm sein sollte, überhaupt keinen Gescheiten gäbe), so ist er immerhin – ungeheuer undankbar! Phänomenal undankbar. Ich glaube sogar, die beste Definition des Menschen wäre die folgende: ein zweibeiniges undankbares Wesen. Aber das ist noch nicht alles; das ist noch nicht sein Hauptfehler; sein Hauptfehler ist beständige Unmanierlichkeit, anhaltend von der Sintflut bis zur Schleswig-Holsteinischen Periode der Menschheitsgeschichte. Unmanierlichkeit, folglich auch Unvernunft; denn es ist längst bekannt, dass Unvernunft nicht anders entsteht als durch Unmanierlichkeit. Versuchen Sie es, werfen Sie einen Blick auf die Geschichte der Menschheit: nun, und was sehen Sie? Großartiges? Meinetwegen auch Großartiges; allein schon der Koloss von Rhodos zum Beispiel, was der wert ist! Nicht umsonst wird von ihm einerseits behauptet, er sei ein Werk von Menschenhand, andererseits aber, er sei von der Natur selbst hervorgebracht. – Kunterbuntes? Meinetwegen auch Kunterbuntes: wollte man sich in den Paradeuniformen der Militärs und Staatsleute aller Jahrhunderte zurechtfinden, das würde allein reichen; rechnet man die Vizeuniformen mit, so könnte man vollends Hals und Bein brechen. Kein Historiker würde damit fertig. – Monotones? Nun, meinetwegen auch Monotones: Man prügelt sich und prügelt sich, man prügelt sich heute, man hat sich früher geprügelt, und man wird sich auch in Zukunft prügeln – Sie müssen selbst zugeben, das ist gar zu monoton. Man kann alles über die Weltgeschichte behaupten, alles, was dem krausesten Hirn nur einfallen mag. Nur eines kann man nicht behaupten, nämlich: dass sie vernünftig sei. Sie werden sich beim ersten Wort verschlucken. Dabei kann man auf Schritt und Tritt folgende Erfahrung machen: Fortwährend begegnet man im Leben äußerst manierlichen und vernünftigen Menschen, Weisen und Menschenfreunden, die sich zum Ziel setzen, sich ihr Leben lang möglichst manierlich und vernünftig zu betragen, mit der eigenen Person den lieben Nächsten sozusagen eine Leuchte zu sein, und zwar nur, um ihnen zu beweisen, dass man in der Welt tatsächlich sowohl manierlich als auch vernünftig leben kann. Und weiter? Bekanntlich sind viele dieser Menschenfreunde sich früher oder später, manchmal auch erst am Lebensabend, untreu geworden, indem sie irgendetwas anstellten, zuweilen etwas äußerst Anstößiges. Jetzt frage ich Sie: Was kann man nun von dem Menschen erwarten, von einem Wesen, das mit solch sonderbaren Eigenschaften ausgestattet ist? Überschütten Sie ihn mit allen Erdengütern, ertränken Sie ihn in Glück bis über beide Ohren, so dass an der Oberfläche des Glücks nur noch Bläschen aufsteigen, wie im Wasser, verschaffen Sie ihm einen solchen Wohlstand, dass ihm nichts anderes zu tun übrigbleibt, als zu schlafen, Pfefferkuchen zu knabbern und für den Fortgang der Weltgeschichte zu sorgen – so wird er Ihnen auch hier, dieser selbe Mensch, auch hier aus bloßer Undankbarkeit, aus Mutwillen einen Streich spielen. Er wird sogar die Pfefferkuchen aufs Spiel setzen und den verhängnisvollsten Unsinn wünschen, die unökonomischste Sinnlosigkeit, einzig, um in diese ganze positive Vernünftigkeit sein eigenes, verhängnisvolles, phantastisches Element einfließen zu lassen. Gerade seine phantastischen Gedanken, seine trivialste Dummheit wird er sich erhalten wollen, einzig, um sich selbst zu bestätigen (als ob das so sehr nötig wäre), dass die Menschen immer noch Menschen und nicht Klaviertasten sind, auf denen die Naturgesetze zwar eigenhändig spielen, dafür aber auch sich dermaßen einzuspielen drohen, dass man außer dem Kalender überhaupt nichts mehr wird wünschen wollen. Und nicht genug damit: Selbst wenn er sich wirklich nur als Klaviertaste erweist und selbst wenn man es ihm sogar naturwissenschaftlich und mathematisch beweist, selbst dann würde er nicht Vernunft annehmen, sondern im Gegenteil absichtlich Unheil stiften, einzig aus purer Undankbarkeit; eigentlich nur, um auf dem Seinen zu bestehen. Falls er aber über keine ausreichenden Mittel dazu verfügen sollte, wird er sich Chaos und Zerstörung ausdenken, wird er sich alle möglichen Qualen ausdenken und in jedem Fall auf dem Seinen bestehen! Er wird der Welt fluchen, da aber nur der Mensch fluchen kann (das ist nun einmal sein Privilegium, das ihn vorzugsweise von den anderen Tieren unterscheidet), so wird er unter Umständen allein schon mit diesem Fluch das Seine erreichen, das heißt, er wird sich tatsächlich überzeugen, dass er ein Mensch und keine Klaviertaste ist. Sollten Sie behaupten, man könne auch dies nach der Tabelle berechnen, sowohl das Chaos als auch die Finsternis und den Fluch, so dass schon die Möglichkeit der Berechenbarkeit allem Einhalt gebietet und die Vernunft das letzte Wort behält – so wird der Mensch in diesem Fall absichtlich verrückt werden, um keinen Verstand mehr zu haben, um auf dem Seinen bestehen zu können. Ich glaube daran, ich bürge dafür, denn genau genommen scheint das ganze Anliegen des Menschen tatsächlich bloß darin zu bestehen, dass der Mensch sich immerfort beweist, er sei ein Mensch und kein Stiftchen! Und wenn er es auch mit der eigenen Haut bezahlen müsste, er bewiese es doch; und wenn auch mit Troglodytentum, er bewiese es doch. Wie sollte man nun nicht die Sünde auf sich nehmen und sich seligpreisen, dass es noch nicht so weit ist, dass das Wollen vorläufig noch weiß der Teufel wovon abhängt ...

Sie rufen mir zu (wenn Sie mich überhaupt noch des Anschreiens würdigen), dass mir doch niemand den Willen streitig mache; dass man es nur darauf anlege, alles irgendwie so einzurichten, dass mein Wille ganz von selbst, aus eigenem Willen, mit meinen normalen Interessen zusammenfalle, mit den Naturgesetzen und der Arithmetik.

Aber meine Herrschaften, was kann es da noch für einen eigenen Willen geben, wenn es schon bis zur Tabelle und bis zur Arithmetik gekommen ist, wenn nur noch zwei mal zwei gleich vier Gültigkeit hat? Zwei mal zwei wird auch ohne meinen Willen vier sein. Sieht denn der eigene Wille etwa so aus?

IX

Meine Herrschaften, natürlich scherze ich, und ich weiß auch, dass ich wenig geistreich scherze, aber Sie dürfen nicht alles für einen Scherz halten. Vielleicht scherze ich zähneknirschend. Meine Herrschaften, ich werde von Fragen gequält; antworten Sie mir darauf. Sie schicken sich beispielsweise an, den Menschen von seinen alten Angewohnheiten abzubringen und seinen Willen auszurichten gemäß den Forderungen der Wissenschaft und des gesunden Menschenverstandes. Woher aber wollen Sie wissen, nicht nur, ob es möglich, sondern ob es überhaupt *nötig* ist, den Menschen so zu ändern? Woraus wollen Sie schließen, dass das menschliche Wollen einer Verbesserung so dringend *bedürfe*? Mit einem Wort, woher wollen Sie wissen, dass eine solche Verbesserung dem Menschen wirklich einen Vorteil brächte? Und, wenn schon einmal davon die Rede ist, warum sind Sie so *sicher* davon überzeugt, dass es für den Menschen wirklich immer vorteilhaft und für die ganze Menschheit ein Gesetz sei, nicht gegen die sogenannten eigentlichen, normalen, durch Beweise der gesunden Vernunft und Arithmetik garantierten Vorteile zu handeln? Zunächst ist es nur Ihre Annahme. Selbst wenn wir annehmen, dass es ein logisches Gesetz sei, so brauchte es noch kein menschliches zu sein. Glauben Sie vielleicht, meine Herrschaften, ich sei verrückt? Erlauben Sie mir eine Rechtfertigung. Ich bin ganz einverstanden: Der Mensch ist ein Tier, vorwiegend ein tätiges, bestimmt zu einer bewussten Zielstrebigkeit und zum Ingenieurwesen, das heißt, bestimmt dazu, sich ewig und unaufhörlich einen Weg zu bahnen, *wohin er auch führen mag*. Gerade deswegen, vielleicht, will er aus der Reihe tanzen, weil es ihm ja *bestimmt* ist, sich diesen Weg zu bahnen, und weil ihm, wie dumm der unmittelbare Tatmensch auch sein mag, zuweilen doch der Gedanke kommt, dass dieser Weg, wie sich zeigt, *einerlei wohin* führt und dass es gar nicht darauf ankommt, wohin er führt, sondern dass er nur weitergeht und das brave Kind sich nicht etwa, das Ingenieurwesen vernachlässigend, dem verderblichen Müßiggang ergebe, der bekanntlich aller Laster Anfang ist. Der Mensch liebt es, tätig zu sein und Wege zu bahnen, darüber lässt sich nicht streiten. Aber warum liebt er bis zur Leidenschaft auch die Zerstörung und das Chaos? Das sollten Sie mir erklären! Aber darüber möchte ich selbst ein paar Worte sagen. Liebt er, vielleicht, Zerstörung und Chaos deswegen so über alle Maßen (es ist ja unbestreitbar, dass er sie zuweilen sehr liebt, das ist nun einmal so), weil er sich instinktiv davor fürchtet, ans Ziel zu gelangen und das zu errichtende Gebäude zu vollenden? Woher wollen Sie wissen, ob er nicht vielleicht dieses Gebäude nur aus der Entfernung liebt, keineswegs in der Nähe; vielleicht liebt er nur, es zu errichten, in ihm zu wohnen aber überlässt er später *aux animaux domestiques*, als da sind: Ameisen, Schafe, usw. usw. Da haben die Ameisen einen ganz anderen Geschmack. Sie haben ein bewunderungswürdiges Gebäude eben dieser Art, in alle Ewigkeit unzerstörbar – den Ameisenhaufen.

Mit dem Ameisenhaufen haben die ehrenwerten Ameisen angefangen, mit dem Ameisenhaufen werden sie auch enden, was ihrer Beständigkeit und ihrem Wirklichkeitssinn große Ehre macht. Aber der Mensch ist ein leichtsinniges und unlauteres Wesen und liebt vielleicht, gleich dem Schachspieler, nur den Prozess des Strebens zum Ziel, nicht aber das Ziel selbst. Und wer weiß (man kann nicht dafür bürgen), vielleicht liegt auch das ganze Erdenziel, dem die Menschheit zustrebt, allein in der Unaufhaltsamkeit des Strebens, mit anderen Worten – im Leben selbst, nicht aber in dem eigentlichen Ziel, das nichts anderes sein kann, versteht sich, als zwei mal zwei gleich vier, das heißt eine Formel; zwei mal zwei gleich vier ist aber nicht mehr Leben, meine Herrschaften, sondern der Anfang des Todes. Wenigstens hat der Mensch dieses Zwei-mal-zwei-gleich-vier immer irgendwie gefürchtet, ich aber fürchte es jetzt auch noch. Freilich, der Mensch tut nichts anderes, als diesem Zwei-mal-zwei-gleich-vier nachzujagen, er durchschwimmt Meere, er opfert das Leben, um es zu suchen; aber es zu finden, es wirklich zu finden – bei Gott, davor fürchtet er sich irgendwie. Denn er spürt, dass ihm nichts mehr zu suchen übrig bleibt, sobald er es gefunden hat. Die Tagelöhner bekommen nach Feierabend wenigstens ihren Lohn, gehen in die Schenke, um sich bald danach auf dem Polizeirevier wiederzufinden – nun, und damit wäre die Woche ausgefüllt. Und wohin soll der Mensch gehen? Jedenfalls kann man immer, sobald er ein ähnliches Ziel erreicht hat, eine gewisse Verlegenheit beobachten. Er liebt das Streben, das Erreichen aber ungleich weniger, und das ist selbstverständlich höchst lächerlich. Kurz, der Mensch ist komisch eingerichtet. Das alles ist offensichtlich ein Calembourg, aber zwei mal zwei gleich vier bleibt unter allen Umständen eine verdammt unerträgliche Sache. Zwei mal zwei gleich vier, das ist doch meiner Meinung nach eine Dreistigkeit, jawohl. Zwei mal zwei gleich vier hat einen unverschämten Blick, stemmt die Hände in die Hüften, stellt sich Ihnen in den Weg und spuckt. Ich gebe zu, dass zwei mal zwei gleich vier eine fabelhafte Sache ist; aber wenn man schon alles lobt, so ist auch zwei mal zwei gleich fünf mitunter ein allerliebstes Sächelchen.

Und warum sind Sie so fest, so feierlich davon überzeugt, dass einzig das Normale und Positive, mit einem

Wort: nur die Glückseligkeit für den Menschen vorteilhaft sei? Sollte da nicht die Vernunft in der Wahl ihrer Vorteile irren? Denn vielleicht liebt der Mensch nicht allein die Glückseligkeit? Vielleicht liebt er im gleichen Maße auch das Leiden? Vielleicht ist für ihn das Leiden ebenso vorteilhaft wie die Glückseligkeit? Und zuweilen liebt der Mensch das Leiden fürchterlich, bis zur Leidenschaft. Das ist eine Tatsache. Dabei ist man nicht einmal auf die Weltgeschichte angewiesen; fragen Sie sich selbst, falls Sie ein Mensch sind und falls Sie auch nur ein bisschen gelebt haben. Was meine persönliche Meinung betrifft, so ist die Liebe zur puren Glückseligkeit sogar irgendwie unanständig. Mag es gut oder schlecht sein – einmal etwas zu zerbrechen, ist ebenfalls äußerst angenehm. Ich bin eigentlich nicht für das Leiden, aber auch nicht für die Glückseligkeit. Ich bin ... für meine Laune und dafür, dass ich sie jederzeit haben kann. Das Leiden wird zum Beispiel in Vaudevilles nicht zugelassen, das weiß ich wohl, im Kristallpalast ist es völlig undenkbar: Leiden ist Zweifel, ist Verneinung; was aber wäre das für ein Kristallpalast, wo man noch zweifeln könnte? Indessen bin ich davon überzeugt, dass der Mensch auf wirkliches Leiden, das heißt auf Zerstörung und Chaos, niemals verzichten wird. Das Leiden – das ist ja der einzige Grund des Bewusstseins. Habe ich auch anfangs behauptet, dass das Bewusstsein meiner Meinung nach für den Menschen das größte Unglück ist, so weiß ich doch, dass der Mensch es liebt und es gegen keinerlei Befriedigungen eintauschen würde. So steht das Bewusstsein beispielsweise unendlich höher als zwei mal zwei. Nach dem Zwei-mal-zwei, versteht sich, bleibt nicht nur nichts mehr zu tun, sondern auch nichts mehr zu erkennen übrig. Alles, was dann noch möglich sein wird, ist – seine fünf Sinne verstopfen und in Kontemplation versinken. Nun, und wenn man für das Bewusstsein auch zum selben Ergebnis kommt, nämlich, dass nichts mehr zu tun sei, so kann man sich wenigstens zuweilen selbst auspeitschen, und das belebt immerhin. Es ist zwar rückständig, aber besser als nichts.

X

Sie glauben an den Kristallpalast, den in alle Ewigkeit unzerstörbaren, also an etwas, dem man weder heimlich die Zunge herausstrecken noch die Faust in der Tasche ballen kann. Nun, und ich fürchte diesen Palast vielleicht gerade deshalb, weil er aus Kristall und in alle Ewigkeit unzerstörbar sein wird und weil man ihm nicht einmal heimlich die Zunge wird herausstrecken können.

Sehen Sie einmal: Wenn da anstelle des Palastes ein Hühnerstall wäre und es zum Regnen käme, so würde auch ich vielleicht in den Hühnerstall kriechen, um nicht nass zu werden, doch ich würde trotzdem den Hühnerstall nicht für einen Palast halten aus bloßer Dankbarkeit, weil er mich vor dem Regen schützt. Sie lachen? Sie sagen sogar, in diesem Falle wären Hühnerstall und Prachtbau ein und dasselbe. Gewiss, antworte ich, wenn man nur zu dem Zweck lebte, nicht nass zu werden.

Was soll ich aber tun, wenn ich es mir nun einmal in den Kopf gesetzt habe, dass man nicht unbedingt nur zu diesem Zweck lebt, und wenn man schon einmal lebt, dann auch in einem schönen Haus leben sollte. Das ist mein Wollen, das ist mein Wunsch. Das können Sie nicht aus mir herauskratzen, ehe Sie nicht mein Wollen ändern. Nun, ändern Sie es, locken Sie mich mit etwas anderem, geben Sie mir ein anderes Ideal. Bis dahin aber werde ich einen Hühnerstall nicht für einen Palast halten. Es mag sogar sein, dass der Kristallpalast ein Schwindel und von den Naturgesetzen überhaupt nicht vorgesehen ist und dass ich ihn mir nur infolge meiner eigenen Dummheit ausgedacht habe, infolge gewisser altertümlicher irrationaler Gewohnheiten unserer Generation. Aber es geht mich nichts an, dass er nicht vorgesehen ist. Ist denn das nicht ganz gleichgültig, wenn er nur in meinen Wünschen vorhanden ist oder, besser gesagt, so lange vorhanden ist, wie auch meine Wünsche vorhanden sind? Vielleicht lachen Sie wieder? Aber bitte; ich nehme jeden Spott auf mich und werde mich auf keinen Fall verleiten lassen zu sagen, ich sei satt, wenn ich hungrig bin; ich weiß, dass ich mich mit einem Kompromiss nicht zufriedengeben werde, mit einer unendlichen periodischen Null, bloß weil sie nach den Naturgesetzen vorhanden, und zwar *wirklich* vorhanden ist. Ich werde niemals die Krönung meiner Wünsche in einem Mietshaus sehen, mit Wohnungen für kleine Leute, mit einem tausendjährigen Mietvertrag und mit dem Schildchen des Zahnarztes Wagenheim für alle Fälle. Merzen Sie meine Wünsche aus, vernichten Sie meine Ideale, zeigen Sie mir etwas Besseres, und ich werde Ihnen folgen. Sie werden vielleicht sagen, es lohne nicht, sich mit mir einzulassen; aber in diesem Falle wäre ich durchaus in der Lage, meinerseits dasselbe zu behaupten. Wir reden im Ernst miteinander; wollen Sie mich Ihrer Aufmerksamkeit nicht würdigen, werde ich Sie nicht darum bitten. Ich habe mein Kellerloch.

Solange ich aber lebe und wünsche – mag meine Hand verdorren, wenn ich auch nur einen einzigen Ziegelstein zum Bau eines solchen Mietshauses beitrage! Lassen Sie sich nicht dadurch beirren, dass ich vorhin den Kristallpalast ablehnte, einzig aus dem einen Grunde ablehnte, weil man ihn nicht mit herausgestreckter Zunge wird ärgern können. Ich habe das keineswegs gesagt, weil ich es etwa besonders liebe, die Zunge herauszustrecken. Vielleicht habe ich mich nur deshalb aufgeregt, weil es unter all Ihren Gebäuden bis jetzt noch kein einziges gibt, dem man nicht die Zunge herausstrecken möchte. Im Gegenteil, ich würde mir aus purer Dankbarkeit die Zunge abschneiden lassen, wenn es nur dahin käme, dass ich niemals mehr den Wunsch hätte, sie herauszustrecken. Was kann ich dafür, dass es nicht dahin kommen kann und dass man sich mit Mietwohnungen begnügen muss? Warum bin ich dann mit solchen Wünschen ausgestattet? Sollte ich denn wirklich nur so ausgestattet worden sein, um zu dem Schluss zu kommen, dass meine ganze Ausstattung ein Bluff ist? Sollte das der ganze Sinn sein? Ich glaube nicht.

Doch übrigens, wissen Sie: Ich bin überzeugt, dass man unsereinen, den Kellerlochmenschen, im Zaume halten muss. Er ist wohl fähig, vierzig Jahre lang stumm in seinem Kellerloch auszuharren, kommt er aber ans Licht, dann geht es mit ihm durch, dann redet er, redet, redet, redet.

XI

Letztlich und endlich, meine Herrschaften: Lieber gar nichts tun! Lieber bewusste Passivität! Also: es lebe das Kellerloch! Ich habe zwar gesagt, dass ich den normalen Menschen galligst beneide; aber unter den Bedingungen, unter denen ich ihn sehe, möchte ich mit ihm nicht tauschen (obwohl ich nicht aufhören werde, ihn zu beneiden). Nein, nein, das Kellerloch ist unter allen Umständen vorteilhafter! Dort kann man wenigstens ... Ach! Sogar jetzt lüge ich! Ich lüge, weil ich selbst weiß wie zwei mal zwei, dass das Beste keineswegs das Kellerloch ist, sondern etwas anderes, etwas ganz anderes, wonach ich mich sehne, das ich aber auf keine Weise finden kann! Zum Teufel mit dem Kellerloch!

Sogar Folgendes wäre schon besser: Es wäre besser – wenn ich selbst nur an irgendetwas von dem glauben könnte, was ich soeben geschrieben habe. Ich schwöre Ihnen, meine Herrschaften, dass ich kein einziges, aber auch wirklich kein einziges Wörtchen von all dem hier Zusammengeschriebenen glaube! Das heißt, ich glaube schon daran, doch im selben Augenblick, aus einem unbekannten Grund, fühle und argwöhne ich, dass ich lüge wie gedruckt.

»Ja, wozu haben Sie denn das alles geschrieben?«, fragen Sie mich. Sitzen Sie mal vierzig Jahre tatenlos in einem Kellerloch! Und warten Sie, bis einer kommt und sich nach vierzig Jahren erkundigt, wie es um Sie steht! Darf man denn einen unbeschäftigten Menschen vierzig Jahre lang allein lassen?

»Das ist doch peinlich! Das ist doch erniedrigend!«, werden Sie mir vielleicht mit einem verächtlichen Kopfschütteln sagen. »Sie lechzen nach Leben und wollen Lebensfragen durch logische Konfusion lösen. Und wie zudringlich, wie frech sind Ihre Ausfälle, und wie ängstlich sind Sie dabei! Sie schwatzen Unsinn und sind noch stolz darauf; Sie sagen Frechheiten, derentwegen Sie zittern und um Entschuldigung bitten. Sie versichern, Sie hätten keine Angst, und zu gleicher Zeit versuchen Sie, sich bei uns beliebt zu machen. Sie versichern, Sie knirschten mit den Zähnen, und reißen zu gleicher Zeit Witze, um uns zum Lachen zu bringen. Sie wissen, dass Ihre Witze platt sind, und doch sind Sie mit ihrem literarischen Wert offensichtlich sehr zufrieden. Vielleicht haben Sie wirklich einiges durchgemacht, aber Sie haben vor Ihrem eigenen Leiden nicht die geringste Achtung. Sie haben in manchem recht, aber Ihnen fehlt jedes Schamgefühl. Aus kleinlichster Eitelkeit tragen Sie Ihre Wahrheit zur Schau, zu Schimpf und Schande auf den Markt ... Sie haben wirklich irgendetwas zu sagen, doch aus Furcht halten Sie Ihr letztes Wort zurück, denn Sie besitzen nicht die Entschlossenheit, es auszusprechen, sondern nur feige Dreistigkeit. Sie prahlen mit Ihrem Bewusstsein, aber Sie schwanken bloß hin und her, denn wenn Ihr Verstand auch funktioniert, Ihr Herz ist vom Laster verfinstert, und ohne reines Herz kann es kein volles, richtiges Bewusstsein geben. Und wie zudringlich Sie sind! Wie vorlaut! Wie affektiert! Lüge, Lüge und nochmals Lüge!«

Selbstverständlich habe ich diese Worte, Ihre Worte, selbst erfunden. Das stammt auch aus dem Kellerloch. Dort habe ich vierzig Jahre lang auf diese Ihre Worte durch ein Spältchen gelauscht. Ich habe sie mir selbst ausgedacht, das war ja das Einzige, was sich ausdenken ließ. Kein Wunder, dass ich sie auswendig kann und dass sie eine literarische Form angenommen haben.

Ist es denn die Möglichkeit, ist es denn die Möglichkeit, dass Sie tatsächlich so leichtgläubig sind und sich einbilden, ich würde das alles drucken lassen und Ihnen sogar zu lesen geben? Und dann finde ich noch etwas komisch: Warum nenne ich Sie ›meine Herrschaften‹, warum wende ich mich an Sie, ganz, als ob ich mich wirklich an Leser wendete? Geständnisse, wie ich sie zu machen beabsichtige, lässt man nicht drucken und gibt sie keinem zu lesen. Ich wenigstens habe nicht so viel Charakterstärke und halte es auch für überflüssig, sie zu besitzen. Aber sehen Sie: Mir ist ein phantastischer Gedanke in den Kopf gekommen, und nun will ich ihn um jeden Preis verwirklichen. Es handelt sich um Folgendes:

In den Erinnerungen jedes Menschen gibt es Dinge, die er nicht allen mitteilt, höchstens seinen Freunden. Aber es gibt auch Dinge, die er nicht einmal den Freunden gesteht, sondern höchstens sich selbst, und auch das nur unter dem Siegel der Verschwiegenheit. Schließlich gibt es auch solche Dinge, die der Mensch sogar sich selbst zu gestehen fürchtet, und solche Dinge sammeln sich bei jedem anständigen Menschen in ziemlicher Menge an. Es ist sogar so: Je anständiger der Mensch ist, desto mehr davon hat er. Jedenfalls habe ich selbst mich erst vor kurzer Zeit entschließen können, mich einiger meiner früheren Abenteuer zu erinnern, bis dahin hatte ich immer einen Bogen um sie gemacht, sogar mit einem gewissen Unbehagen. Jetzt aber, da ich mich nicht nur ihrer erinnere, sondern mich sogar entschlossen habe, sie aufzuschreiben, jetzt will ich es gerade ausprobieren: Kann man denn wenigstens sich selbst gegenüber ganz und gar aufrichtig sein, ohne vor der vollen Wahrheit zurückzuschrecken? Bei dieser Gelegenheit: Heine behauptet, zuverlässige Autobiographien seien etwas Unmögliches, der Mensch werde über sich selbst niemals die Wahrheit sagen. Er meint, Rousseau habe sich in seinen Bekenntnissen zweifellos selbst verleumdet, und sogar aus Eitelkeit bewusst verleumdet. Ich bin überzeugt, dass Heine recht hat; ich begreife vollkommen, wie man sich zuweilen einzig aus Eitelkeit ganze Verbrechen zuschreiben kann, und ich begreife auch vollkommen, welcher Art diese Eitelkeit ist. Aber Heine urteilte über einen Menschen, der vor einem Publikum beichtete. Ich jedoch schreibe nur für mich selbst und erkläre hiermit ein für alle Mal: Wenn ich auch so schreibe, als wendete ich mich an Leser, so tue ich das doch nur zum Schein, weil es mir leichter fällt, so zu schreiben. Das ist eine Formsache, eine reine Formsache. Leser werde ich niemals haben. Ich habe das schon einmal gesagt …

Ich möchte mir beim Niederschreiben meiner Aufzeichnungen keinen Zwang auferlegen lassen. Ich werde mich weder an eine Ordnung noch an ein System halten. Ich werde aufschreiben, was mir gerade einfällt.

Nun, da könnte man mich beispielsweise beim Wort nehmen und fragen: Wenn Sie wirklich nicht auf Leser rechnen, warum treffen Sie mit sich selbst, dazu noch schriftlich, solche Abmachungen, dass Sie sich zum Beispiel an keine Ordnung und an kein System halten werden, dass Sie alles so niederschreiben wollen, wie es Ihnen einfällt usw. usw.? Warum rechtfertigen Sie sich? Warum entschuldigen Sie sich?

Das ist nun einmal so, antworte ich.

Darin liegt übrigens eine ganze Psychologie. Vielleicht

ist es aber auch einfach meine Feigheit. Es kann aber auch sein, dass ich mir absichtlich ein Publikum vorstelle, um mich, solange ich schreibe, manierlicher zu benehmen. Gründe kann es wirklich zu Tausenden geben.

Aber noch etwas: Warum eigentlich, wozu will ich schreiben? Wenn es nicht für ein Publikum geschieht, könnte man sich dann nicht auch so, in Gedanken, erinnern, ohne es zu Papier zu bringen?

Stimmt; aber auf dem Papier nimmt es sich doch gewissermaßen feierlicher aus. Es ist eindringlicher. Man geht mit sich strenger ins Gericht. Der Stil entwickelt sich. Außerdem: es könnte immerhin sein, dass mir das Niederschreiben wirklich Erleichterung verschaffte. Im Augenblick zum Beispiel bedrückt mich ganz besonders die Erinnerung an ein weit zurückliegendes Ereignis. Vor einigen Tagen tauchte sie in mir auf und will seither nicht weichen, wie eine lästige Melodie, die einem nicht aus dem Sinn gehen will. Solche Erinnerungen gibt es bei mir zu Hunderten; von Zeit zu Zeit steigt eine von ihnen auf und quält mich. Nichtsdestoweniger muss ich sie loswerden. Aus irgendeinem Grunde glaube ich, dass ich sie los bin, sobald ich sie niedergeschrieben habe. Warum sollte man es nicht versuchen?

Und endlich: ich langweile mich und tue nie etwas. Schreiben ist immerhin so etwas wie eine Arbeit. Man sagt, dass der Mensch durch die Arbeit gut und redlich werde. Nun, da hätte man wenigstens eine Chance.

Es schneit, nass, gelb, trübe. Gestern schneite es, und auch vor einigen Tagen hat es geschneit. Der nasse Schnee erinnerte mich an jenen Vorfall, der mir nun nicht mehr aus dem Sinn gehen will. So mag es denn eine Erzählung bei nassem Schnee werden.

ZWEITER TEIL

Bei nassem Schnee

> Als aus dem Abgrund des Verderbens
> durch glühend Wort des reinen Werbens
> die sünd'ge Seele ich befreit,
> rangst du voll Pein die blassen Hände,
> zu mir geneigt verfluchtest du
> der Laster Fessel;
> als du dein flüchtiges Gewissen
> durch der Erinn'rung Natternbisse
> zu düstern Qualen hast geweckt,
> kamst du zu mir mit einer Beichte
> von allem, was dich jetzt erschreckt,
> was vor mir war;
> und plötzlich von dem Schmerz versengt,
> dem unstillbaren, dunklen, großen,
> wand'st du dich ab, empört, gekränkt,
> und deine Tränen flossen … flossen …
> usw. usw. usw.
>
> *Aus einer Dichtung von N. A. Nekrassow*

I

Damals war ich erst vierundzwanzig Jahre alt. Mein Leben war auch schon damals düster, ungeordnet und einsam bis zur Menschenscheu. Ich pflegte mit niemandem Umgang, vermied nach Möglichkeit jede Unterhaltung und zog mich immer mehr in meinen Winkel zurück. Im Amt, in der Kanzlei, bemühte ich mich sogar, niemanden anzusehen, und stellte fest, dass meine Amtskollegen mich nicht nur für einen Sonderling hielten, sondern mich – immer wieder glaubte ich es zu beobachten – mit einem gewissen Ekel betrachteten. Immer wieder ging es mir durch den Sinn: Warum glaubt keiner außer mir, dass man ihn mit Ekel betrachtet? Einer unserer Kanzleibeamten hatte ein abscheuliches, pockennarbiges Gesicht, ein Verbrechergesicht, könnte man sagen. Ich glaube, ich hätte es nicht gewagt, mit einem so unanständigen Gesicht irgendjemanden auch nur anzublicken. Ein anderer hatte eine so abgetragene Uniform, dass es in seiner Nähe schon übel roch. Indessen genierte sich kein Einziger von diesen Herrschaften – weder seiner Kleider oder seines Gesichts wegen noch aus sonst irgendeinem moralischen Grund. Weder der eine noch der andere hat sich je eingebildet, dass man vor ihm Ekel empfinden könnte; und selbst wenn sie es sich eingebildet hätten, sie hätten sich nichts daraus gemacht, solange nur die Vorgesetzten dies nicht zu tun geruhten. Jetzt ist mir vollkommen klar, dass ich mich selbst, infolge meiner grenzenlosen Eitelkeit und folglich meiner grenzenlosen Ansprüche an mich selbst, ziemlich oft mit rasendem Missmut betrachtete, einem Missmut, der sich bis zum Abscheu steigerte, und so schrieb ich denn mein eigenes Empfinden allen anderen zu. Ich hasste beispielsweise mein Gesicht, fand es widerwärtig, vermutete, dass es irgendeinen niederträchtigen Ausdruck habe, und quälte mich deshalb, wenn ich ins Amt kam, immer damit, möglichst ungezwungen zu erscheinen, damit man mich keiner Niedertracht verdächtige, und in meinem Gesicht möglichst viel Edelmut auszudrücken. ›Mag es auch ein unschönes Gesicht sein‹, dachte ich, ›dafür soll es edel, ausdrucksvoll und vor allem außerordentlich klug sein.‹ Zugleich hatte ich die unumstößliche, die leidvolle Gewissheit, dass ich all diese Vollkommenheiten mit meinem Gesicht niemals würde ausdrücken können. Ich fand es ausgesprochen dumm, und das war das Schrecklichste. Klugheit hätte mir doch vollständig genügt, so dass ich sogar einen niederträchtigen Ausdruck in Kauf genommen hätte, aber nur unter der einen Bedingung, dass gleichzeitig alle mein Gesicht furchtbar klug fänden.

Unsere Kanzlisten hasste ich natürlich, vom ersten bis zum letzten, verachtete sie alle, zugleich aber fürchtete ich sie auch gewissermaßen. Es kam vor, dass ich sie sogar plötzlich über mich erhob. Das geschah bei mir damals immer ganz plötzlich, bald verachtete ich sie, bald erhob ich sie über mich. Ein gebildeter und anständiger Mensch kann nicht ehrgeizig sein, ohne dabei grenzenlose Ansprüche an sich selbst zu stellen und sich in manchen Augenblicken glühend zu verachten. Aber ob ich zu ihm hinab- oder hinaufblickte, ich schlug doch vor jedem Menschen die Augen nieder. Ich stellte daraufhin sogar Versuche an: Würde ich den Blick wenigstens dieses Menschen aushalten können? Und jedes Mal habe ich als Erster die Augen niedergeschlagen. Das quälte mich bis zur Raserei. Außerdem fürchtete ich mich krankhaft, lächerlich zu sein, darum vergötterte ich sklavisch jegliche Routine in allen Äußerlichkeiten; mit Hingabe bewegte ich mich in ausgetretenen Spuren und erschrak aus ganzer Seele vor jeder Exzentrizität in mir. Aber wie sollte ich das aushalten? Ich war entwickelt bis zum Krankhaften, wie es sich für einen Menschen unserer Zeit gehört. Sie aber waren alle stumpfsinnig und glichen einander wie die Hammel einer Herde. Vielleicht schien es mir als Einzigem in der ganzen Kanzlei, dass ich ein Feigling und Sklave sei, vielleicht schien es mir gerade deshalb so, weil ich so entwickelt war. Aber es schien mir nicht nur so, sondern es war auch wirklich der Fall: Ich war ein Feigling und ein Sklave. Ich sage das ohne jede Verlegenheit. Jeder anständige Mensch unserer Zeit ist ein Feigling oder ein Sklave und muss es sein. Das ist sein normaler Zustand. Davon bin ich tief überzeugt. So ist er beschaffen und dafür ist er geschaffen. Und nicht nur in der Gegenwart, nicht nur infolge irgendwelcher zufälligen Umstände, sondern überhaupt zu allen Zeiten muss ein anständiger Mensch ein Feigling und Sklave sein. Das ist ein Naturgesetz für alle anständigen Menschen auf Erden. Und sollte es einmal vorkommen, dass einer von ihnen sich tapfer zeigt, so braucht er sich deshalb noch nichts einzubilden und sich nicht gleich am eigenen Mut zu berauschen; bei nächster Gelegenheit wird er schon den Kürzeren ziehen. Das ist seine einzige und ewige Aussicht. Tapfer sind nur die Esel und ihre Bastarde und selbst die nur bis zu der bewussten Mauer.

Aber es lohnt nicht, sie weiter zu beachten, denn sie spielen überhaupt keine Rolle.

Und noch ein Umstand quälte mich damals: dass mir niemand glich und auch ich keinem ähnlich war. ›Ich bin Einer, und sie sind *Alle*‹, dachte ich und – begann zu grübeln.

Daraus ist zu ersehen, dass ich noch ein ganz grüner Junge war.

Mitunter geschah aber auch das Entgegengesetzte. Zuweilen widerte mich der Dienst über alle Maßen an; es ging so weit, dass ich häufig ganz krank aus der Kanzlei nach Hause kam. Und plötzlich beginnt dann wiederum, mir nichts, dir nichts, eine Periode der Skepsis und Gleichgültigkeit (bei mir geschah alles in Perioden), und siehe, da lache ich selbst über meine Unduldsamkeit und meinen Ekel und werfe mir Romantizismus vor. Bald will ich überhaupt nicht reden, bald werde ich nicht nur gesprächig, sondern sogar zutraulich. Der ganze Ekel ist im Handumdrehen, mir nichts, dir nichts, verflogen. Wer weiß, vielleicht war ich auch nie von ihm befallen, vielleicht war er nur gespielt, angelesen? Bis jetzt habe ich diese Frage noch nicht lösen können. Einmal hatte ich mich schon ganz mit den anderen angefreundet, ich machte ihnen meine Aufwartung, spielte Préférence, trank Wodka, unterhielt mich über nationalökonomische Fragen … Aber erlauben Sie mir, hier einige vom Thema abweichende Worte einzuschalten.

Bei uns Russen, ganz allgemein gesprochen, hat es niemals jene törichten deutschen und besonders französischen Romantiker gegeben, die über den Sternen thronen und sich durch nichts beirren lassen, mag auch die Erde unter ihnen bersten, mag auch ganz Frankreich auf den Barrikaden zugrunde gehen – sie bleiben immer dieselben, sie werden sich nicht einmal anstandshalber verändern, und sie singen ihre weltentrückten Lieder fort, bis an ihr Lebensende, denn sie sind Toren. Bei uns, das heißt in russischen Landen, gibt es keine Toren; das weiß jeder: eben dadurch unterscheiden wir uns von den übrigen europäischen Ländern. Folglich gibt es bei uns keine weltentrückten Naturen in Reinkultur. Das haben unsere damaligen ›positiven‹ Publizisten und Kritiker auf der Jagd nach Kostanschoglo und Onkelchen Pjotr Iwanowitsch, die sie törichterweise für unser aller Ideal gehalten haben, unseren Romantikern in die Schuhe geschoben, indem sie diese für ebenso weltentrückt hielten wie jene in Deutschland oder in Frankreich. Im Gegenteil, die Eigenschaften unseres Romantikers sind denen des europäisch-weltentrückten gerade entgegengesetzt und lassen sich darum mit keinem europäischen Maß messen. (Sie müssen mir schon gestatten, dieses Wort ›Romantiker‹ zu gebrauchen. Ein althergebrachtes Wörtchen, ehrwürdig, verdient und geläufig.) Die Eigenschaften unseres Romantikers sind: alles verstehen, *alles sehen und häufig unvergleichlich deutlicher sehen als unsere allerpositivsten klugen Köpfe*; sich mit niemandem und nichts zufriedengeben, gleichzeitig aber auch nichts verschmähen; allem ausweichen; allem diplomatisch nachgeben; dauernd das nützliche, praktische Ziel im Auge behalten (irgendwelche Dienstwohnungen, Pensionen, Ordenssterne), dieses Ziel neben allen Enthusiasmen und allen lyrischen Gedichtbänden verfolgen, zugleich auch das ›Schöne und Erhabene‹ bis an das Lebensende in sich unversehrt erhalten und nebenbei auch sich selbst bewahren, in Watte verpackt wie ein Juwel, gerade eben diesem ›Schönen und Erhabenen‹ zu Ehren. Ja, ein vielseitiger Mensch ist unser Romantiker und der geriebenste Spitzbube von allen unseren Spitzbuben, versichere ich Sie … sogar aus Erfahrung. Versteht sich, das alles gilt nur von klugen Romantikern. Das heißt, was rede ich! Ein Romantiker ist natürlich immer klug, ich wollte nur hinzufügen, dass, wenn es bei uns zuweilen Romantiker-Toren gegeben hat, diese nicht mitgerechnet werden, weil sie sich alle noch in den besten Jahren vollständig in Deutsche verwandelten und, um sich, das Juwel, besser zu erhalten, irgendwo dort, mit Vorliebe in Weimar oder im Schwarzwald, niederließen. – Ich beispielsweise habe meine Kanzlei aufrichtig verachtet und nur aus Not nicht auf sie gespuckt, weil ich ja selbst dort saß und Geld dafür erhielt. Unser Romantiker wird eher verrückt (was übrigens sehr selten vorkommt), doch er wird nicht spucken, bevor er nicht eine andere Karriere in Aussicht hat, und wird sich nie und nimmer vor die Tür setzen lassen, es sei denn, man müsse ihn als »König von Spanien« in ein Irrenhaus einliefern, das aber erst, wenn er schon gar zu verrückt ist. Verrückt werden bei uns nur die Schmächtigen und Blondgelockten. Die große Mehrzahl der Romantiker jedoch bringt es schließlich zu hohen Ehren. Eine ungewöhnliche Vielseitigkeit! Und welche Fähigkeit, widersprechendste Ansichten in sich zu vereinen! Schon damals ergötzte mich das ungemein, und auch jetzt denke ich noch genauso. Deshalb gibt es bei uns so viele ›weite Naturen‹, die in der größten Verkommenheit niemals ihr Ideal aus den Augen verlieren; und wenn sie auch für dieses Ideal keinen Finger rühren, wenn sie auch die abgefeimtesten Räuber und Diebe werden, so achten sie doch ihr ursprüngliches Ideal bis zu Tränen und sind in ihrer Seele außerordentlich ehrlich. Jawohl, nur bei uns kann der ausgekochteste Schuft in seiner Seele vollkommen ehrlich, ja sogar erhaben ehrlich bleiben, ohne dabei im Geringsten aufzuhören, ein Schuft zu sein. Ich wiederhole, unsere Romantiker entpuppen sich scharenweise als solch geschäftstüchtige Schelme (das Wort ›Schelm‹ meine ich nicht im Bösen), sie beweisen plötzlich einen solchen Instinkt für die Wirklichkeit und eine solche Kenntnis der Realitäten, dass die überraschte Obrigkeit und das Publikum, starr vor Staunen, nur noch die Köpfe schütteln können.

Diese Vielseitigkeit ist wahrlich erstaunlich, und Gott mag wissen, wozu sie sich unter künftigen Verhältnissen noch entwickeln und was sie dann in folgenden Zeiten uns bescheren wird? Die Aussichten sind wirklich nicht schlecht! Ich sage das nicht etwa aus irgendeinem lächerlichen und hausbackenen Patriotismus. Übrigens bin ich überzeugt, dass Sie wohl wieder glauben, ich scherze. Vielleicht auch umgekehrt, das heißt, vielleicht sind Sie überzeugt, dass ich tatsächlich so denke. Wie dem auch sei, meine Herrschaften, ich werde Ihre beiden Meinungen mir zur Ehre und zum besonderen Vergnügen anrechnen, und meine Abschweifungen wollen Sie mir bitte verzeihen.

Die Freundschaft mit meinen Kollegen hielt ich natürlich nicht lange durch, ich überwarf mich sehr bald mit ihnen, und infolge meiner damaligen jugendlichen Unreife hörte ich sogar auf, sie zu grüßen, ich brach einfach ab. Übrigens geschah das nur ein einziges Mal. Im Allgemeinen war ich ganz allein.

Zu Hause las ich meist, wollte ich doch durch äußere Reize alles in mir unaufhörlich Brodelnde unterdrücken. Und von allen äußeren Reizen gab es für mich nur das Lesen. Das Lesen natürlich hat oft geholfen – es regte auf, erquickte und quälte. Mitunter aber wurde ich seiner entsetzlich überdrüssig. Immerhin wollte man sich bewegen. So ergab ich mich dunklen, kellerhaften, widerlichen – nicht eigentlich Ausschweifungen, sondern kleinen, schäbigen Ausschreitungen. In mir steckte eine scharfe, brennende, ständig krankhaft reizbare Leidenschaftlichkeit. Die Ausbrüche waren hysterisch, mit Tränen und Krämpfen. Lesen war die einzige Zuflucht – das heißt, es gab nichts, was ich in meiner ganzen Umgebung hätte achten oder für erstrebenswert halten können. Außerdem stieg die Langeweile auf; hysterisches Verlangen nach Widersprüchen, nach Kontrasten überkam mich, und so stürzte ich mich in Ausschweifungen. Das sage ich durchaus nicht zu meiner Rechtfertigung … Doch nein, stimmt nicht! Gelogen! Ich habe mich ja gerade rechtfertigen wollen. Diese Bemerkung mache ich nur für mich, meine Herrschaften, für mich allein. Ich will nicht lügen. Ich habe mir das Wort gegeben.

Ich trieb mein Unwesen verstohlen, nachts, heimlich, ängstlich, schmutzig, mit einer Scham, die mich selbst in den ekelhaftesten Minuten nicht verließ, ja sogar gerade in solchen Minuten zu einem Fluch wurde. Schon damals trug ich das Kellerloch in meiner Seele. Ich fürchtete mich bis zum Entsetzen, dass man mich vielleicht irgendwie sehen, mir begegnen, mich erkennen könnte. Ich suchte die dunkelsten Gegenden auf.

Einmal, als ich nachts an einem schäbigen Restaurant vorüberkam, sah ich durch das Fenster, wie sich einige Herrschaften am Billard mit den Queues prügelten und wie dann jemand durchs Fenster hinausbefördert wurde. Zu jeder anderen Zeit hätte es mich angewidert; damals jedoch kam plötzlich eine solche Stimmung über mich, dass ich diesen hinausgeworfenen Herrn einfach beneidete, dermaßen beneidete, dass ich sofort hineinging und das Billardzimmer betrat: ›Vielleicht werde ich mich auch prügeln und auch durch das Fenster hinausfliegen.‹

Ich war nicht betrunken, aber was soll man machen – die Langeweile kann einen bis zur Hysterie quälen! Es wurde aber nichts daraus. Es hat sich herausgestellt, dass ich nicht einmal zum Fenstersprung befähigt war, ich ging unverprügelt fort.

Gleich im ersten Moment wurde ich von einem Offizier abgefertigt.

Ich stand am Billard und versperrte ihm ahnungslos den Weg, er aber musste vorbei; so packte er mich denn an den Schultern – ohne Warnung oder Erklärung –, stellte mich von dem Platz, wo ich stand, auf einen anderen und ging weiter, als hätte er überhaupt nichts bemerkt. Ich hätte sogar Prügel verziehen, doch ich konnte keineswegs verzeihen, dass er mich so einfach beiseitestellte und vollständig übersah.

Der Teufel weiß, was ich damals nicht alles für einen wirklichen, richtigen Streit gegeben hätte, für einen anständigeren, für einen – sagen wir – mehr *literarischen*! Man hat mich wie eine Fliege behandelt. Nun war dieser Offizier ein Hüne; ich aber bin klein und ausgemergelt. Übrigens lag es ja in meiner Macht, es zu einem Streit kommen zu lassen: Ich hätte nur zu protestieren brauchen, und man hätte mich selbstverständlich aus dem Fenster geworfen. Aber ich überlegte und zog vor, mich … ergrimmt zu verziehen.

Ich verließ das Restaurant verwirrt und erregt, ging geradewegs nach Hause, am nächsten Tag aber setzte ich meine Ausschreitungen wieder fort, noch zaghafter, noch schüchterner, noch trauriger als zuvor, gleichsam mit Tränen in den Augen – aber ich setzte sie fort. Sie brauchen übrigens nicht zu glauben, dass ich aus Feigheit mich vor dem Offizier feige verzogen habe: in meiner Seele bin ich niemals feige gewesen, wenn ich mich auch im Leben immer feige benommen habe, aber – lachen Sie nicht – dafür gibt es eine Erklärung; ich habe für alles eine Erklärung, seien Sie überzeugt.

Oh, wenn dieser Offizier zu denjenigen gehört hätte, die sich zu duellieren pflegen! Aber nein – das war gerade einer von jenen (leider schon längst nicht mehr vorhandenen) Herrschaften, die es vorzogen, mit dem Queue oder, wie der Leutnant Pirogow bei Gogol, vermittels ihres Vorgesetzten zu handeln. Fordern jedoch lassen sie sich nie; und sich mit unsereinem zu schlagen würden sie unter allen Umständen für ungehörig halten – überhaupt halten sie das Duell für etwas Verrücktes, Freidenkerisches, Französisches, teilen aber selbst nicht selten Beleidigungen aus, besonders wenn sie von hünenhafter Gestalt sind.

Ich habe mich nicht aus Feigheit feige verzogen, sondern aus grenzenloser Eitelkeit. Nicht vor der hünenhaften Gestalt schreckte ich zurück und auch nicht vor der Aussicht, schmerzhaft verprügelt und aus dem Fenster geworfen zu werden; physischen Mut hatte ich wahrlich genug; aber der moralische Mut reichte nicht hin. Ich fürchtete, dass die Anwesenden alle – von dem unverschämten Marqueur bis zu dem letzten ranzigen, finnigen kleinen Beamten, der sich dort herumtrieb, mit speckigem Kragen – mich nicht verstehen und mich auslachen würden, sobald ich protestierte und literarisch mit ihnen redete. Denn von dem Ehrenstandpunkt – nicht von der Ehre, sondern eben vom Ehrenstandpunkt (*point d'honneur*) kann man ja bei uns überhaupt nicht anders als literarisch sprechen. In der Umgangssprache kommt ein ›Ehrenstandpunkt‹ nicht vor. Ich war vollkommen überzeugt (das war der Wirklichkeitssinn, ungeachtet aller Romantik!), dass sie alle einfach platzen würden vor Lachen, der Offizier mich aber nun nicht nur harmlos, das heißt nicht beleidigend, anpacken, sondern gewiss mit Fußtritten um das Billard herumtreiben und erst dann vielleicht sich meiner erbarmen und mich durch das Fenster hinauswerfen würde. Selbstverständlich konnte diese klägliche Geschichte für mich damit nicht abgetan sein. Ich traf diesen Offizier später häufig auf der Straße und habe ihn genau beobachtet. Nur weiß ich nicht, ob er mich auch erkannte, wahrscheinlich nicht; ich schließe das aus gewissen Anzeichen. Ich aber, ich starrte ihn mit Zorn und Hass an und das dauerte ... mehrere Jahre, jawohl! Mit der Zeit wurde mein Zorn sogar tiefer und nahm immer mehr zu. Zuerst bemühte ich mich in aller Heimlichkeit, Näheres über diesen Offizier in Erfahrung zu bringen. Das fiel mir sehr schwer, denn ich kannte doch keinen Menschen. Aber, einmal, als ich ihm von ferne wie gebannt auf der Straße folgte, rief ihn irgendjemand beim Namen, und so erfuhr ich, wie er hieß. Ein andermal folgte ich ihm sogar bis zu seiner Wohnung und erfuhr hier für zehn Kopeken vom Hausknecht, wo er wohnte, in welchem Stock, allein oder mit anderen – mit einem Wort alles, was man von einem Hausknecht erfahren kann. Eines schönen Morgens, obgleich ich mich noch nie literarisch versucht hatte, kam mir plötzlich der Gedanke, diesen Offizier durch eine Beschreibung bloßzustellen, als Karikatur, in Form einer Novelle. Ich schrieb diese Novelle mit Genuss. Ich stellte ihn bloß, ich verleumdete sogar ein wenig; den Namen veränderte ich zuerst so, dass man ihn sofort wiedererkennen musste, doch später, nach reiflicher Überlegung, veränderte ich ihn noch einmal und schickte das Manuskript an die »Vaterländischen Annalen«. Aber damals waren Bloßstellungen noch nicht Mode, und meine Novelle wurde nicht gedruckt. Das fand ich sehr ärgerlich. Zuweilen würgte die Wut mich geradezu. Endlich entschloss ich mich doch, meinen Gegner zu fordern. Ich verfasste einen wundervollen, anziehenden Brief, in dem ich ihn anflehte, sich bei mir zu entschuldigen; für den Fall einer Weigerung aber spielte ich mit ziemlicher Festigkeit auf ein Duell an. Der Brief war derart abgefasst, dass der Offizier, sollte er nur ein wenig Sinn für das ›Schöne und Erhabene‹ besitzen, unverzüglich hätte zu mir eilen müssen, um mir um den Hals zu fallen und seine Freundschaft anzubieten. Wie schön wäre das geworden! Was wäre das für ein Leben gewesen! Was für ein Leben! ›Er hätte mich durch seine imponierende Haltung beschirmt; ich aber hätte ihn durch meine Bildung veredelt, nun, und ... durch Ideen, und was hätte nicht alles sein können!‹ Stellen Sie sich vor, dass damals bereits zwei Jahre vergangen waren, seit er mich beleidigt hatte, und dass meine Forderung ein ganz ungereimter Anachronismus war, ungeachtet der Gewandtheit meines Briefes, die den Anachronismus erklären und übermalen sollte. Aber Gott sei Dank (bis auf den heutigen Tag danke ich dem Allmächtigen unter Tränen) habe ich diesen Brief nicht abgeschickt. Ein Schauer läuft mir über den Rücken, wenn ich mir vorstelle, was alles hätte entstehen können, hätte ich ihn abgeschickt. Und plötzlich ... plötzlich rächte ich mich auf die allereinfachste, genialste Weise. Plötzlich kam mir die Erleuchtung. Manchmal, an Feiertagen, begab ich mich nachmittags zum Newskij-Prospekt und promenierte dort auf der Sonnenseite. Das heißt, ich promenierte dort durchaus nicht, sondern stand dort unzählige Qualen, Erniedrigungen und Verbitterungen aus; doch hatte ich wahrscheinlich gerade das nötig. Ich schlängelte mich wie ein Aal, ganz und gar unansehnlich, zwischen den Fußgängern hindurch und machte bald Generälen, bald Gardekavallerie- oder Husarenoffizieren, bald eleganten Damen Platz; in diesen Augenblicken fühlte ich einen schmerzhaften Krampf in meinem Herzen und Schauer im Rücken schon bei dem einzigen Gedanken an die Schäbigkeit meiner Kleider, an die Schäbigkeit und Trivialität meiner herumschleichenden Figur. Es war die peinlichste Pein, eine anhaltende unerträgliche Erniedrigung in dem Gedanken, der zu einer anhaltenden und unmittelbaren Empfindung wurde, dass ich in den Augen aller Welt nur eine Fliege war, eine gemeine, unnütze Fliege, wenn auch klüger als alle, wenn auch gebildeter als alle, wenn auch edler als alle – das versteht sich von selbst –, so doch eine allen fortwährend ausweichende Fliege, von allen erniedrigt und von allen beleidigt. Wozu ich diese Qualen auf mich nahm, warum ich auf den Newskij ging – weiß ich das? Es *zog* mich nun einmal bei jeder Gelegenheit dorthin.

Schon damals begann ich auf den Geschmack jener Genüsse zu kommen, die ich bereits im ersten Kapitel erwähnt habe. Nach der Geschichte mit dem Offizier aber zog es mich noch mehr dorthin: gerade auf dem Newskij traf ich ihn am häufigsten, gerade dort konnte ich mich an ihm satt sehen.

Auch er ging dort vornehmlich an Feiertagen spazieren. Wenn er auch vor Generälen und Personen von Rang Platz machte und zwischen diesen sich wie ein Aal hindurchschlängelte, so wurde doch unsereiner, ja sogar mancher, der um einiges besser war, von ihm einfach überfahren; auf solche ging er geradewegs los, als sei vor ihm leerer Raum, und machte unter keinen Umständen Platz. Ich berauschte mich an meinem Hass, wenn ich ihn beobachtete, und wich ihm jedes Mal voll Hass aus. Es quälte mich, dass ich ihm selbst auf der Straße nicht standhalten konnte. ›Warum weichst du unbedingt als Erster aus?‹, fragte ich mich in rasender Erregung, wenn ich zuweilen gegen drei Uhr nachts erwachte, ›warum denn gerade du und nicht er? Dafür gibt es doch kein Gesetz, das steht doch nirgends geschrieben. Nun, kann es denn nicht halb und halb sein, wie es zu sein pflegt, wenn höfliche Leute sich begegnen: Er gibt zur Hälfte nach und du zur anderen, ihr geht beide einfach aneinander vorbei, in gegenseitiger Hochachtung.‹ Doch das geschah nie, nach wie vor machte nur ich Platz, er aber bemerkte nicht einmal, dass ich ihm auswich. – Da kam mir plötzlich der allerverblüffendste Gedanke: ›Wie aber‹, dachte ich, ›wie wäre es, wenn ich ihm begegnete und … nicht auswiche? absichtlich nicht auswiche, und wenn ich ihn auch anstoßen sollte; wie wäre das?‹ Dieser kühne Gedanke bemächtigte sich meiner allmählich derart, dass ich überhaupt keine Ruhe mehr finden konnte. Ich träumte ununterbrochen davon, es war ganz fürchterlich, und ich ging absichtlich öfters auf den Newskij, um mir noch deutlicher auszumalen, wie ich es machen würde, wenn ich es täte. Ich war entzückt. Immer mehr erschien mir mein Vorhaben ebenso wahrscheinlich wie ausführbar. ›Versteht sich, nicht umrennen‹, dachte ich, schon im Voraus vor Freude gütig gestimmt, ›sondern nur einfach nicht ausweichen. Zusammenstoßen, aber nicht schmerzhaft, nur so, Schulter an Schulter, gerade so stark, wie es der Anstand erlaubt; so dass ich ihn ebenso stark stoße, wie er mich stößt.‹ Endlich entschloss ich mich endgültig. Doch die Vorbereitungen nahmen sehr viel Zeit in Anspruch. Vor allen Dingen musste man für die Ausführung möglichst respektabel aussehen und sich um seine Kleider kümmern. ›Auf alle Fälle, wenn dabei zum Beispiel ein Auflauf entsteht (das Publikum aber ist hier superfein: die

Gräfin kommt, Fürst D. kommt, die ganze Literatur kommt), muss man doch gut angezogen sein; das imponiert und hebt uns gewissermaßen in den Augen der höheren Gesellschaft auf die gleiche Stufe.‹ Zu diesem Zweck erbettelte ich mir einen Vorschuss und kaufte dann im besten Herrengeschäft ein Paar schwarze Handschuhe und einen anständigen Hut. Schwarze Handschuhe erschienen mir sowohl seriöser als auch mehr *bon ton* als zitronengelbe, auf die ich es zuerst abgesehen hatte. ›Die Farbe ist zu grell, und es sieht so aus, als wolle der Mensch allzu sehr auffallen‹, und ich verzichtete auf die zitronengelben. Das gute Hemd mit den weißen Beinknöpfen hatte ich schon längst beiseitegelegt; nur der Mantel hielt mich lange auf; an und für sich war mein Mantel durchaus nicht übel und warm; aber er war wattiert und hatte einen Waschbärkragen, das war schon der Gipfel des Lakaientums. Man musste unbedingt den Kragen ändern und, was es auch kostete, einen Biber anschaffen, wie ihn die Offiziere tragen. Zu diesem Zweck ging ich des Öfteren in ein Warenhaus und entschied mich nach einigem Hin und Her für einen billigen deutschen Biber. Diese deutschen Biber tragen sich zwar sehr schnell ab und sehen dann miserabel aus, doch dafür sind sie zunächst, solange sie noch neu sind, sehr anständig. Mir ging es ja nur um das eine Mal. Ich fragte nach dem Preis: er war nicht niedrig. Nach gründlichem Überlegen entschloss ich mich, meinen Waschbärkragen zu verkaufen. Die fehlende und für mich recht beträchtliche Summe wollte ich borgen, und zwar von Anton Antonytsch Setotschkin, meinem Bürovorsteher, einem bescheidenen, aber gesetzten und zuverlässigen Menschen, der sonst niemandem Geld lieh, dem ich aber bei meinem Eintritt in die

Kanzlei von der mich einführenden bedeutenden Persönlichkeit ganz besonders empfohlen worden war. Ich quälte mich fürchterlich; Anton Antonytsch um Geld anzugehen erschien mir ungeheuerlich und schmachvoll. Ich habe sogar zwei, drei Nächte nicht geschlafen, und überhaupt schlief ich damals wenig, ich war wie im Fieber. Mein Herz hielt beklommen an oder begann plötzlich zu klopfen, klopfen, klopfen! ... Anton Antonytsch war zuerst sehr erstaunt, dann runzelte er die Stirn, dann dachte er nach, schließlich gab er mir das Geld, nachdem er sich von mir eine Quittung hatte ausstellen lassen, wonach er das geliehene Geld von meinem Gehalt zwei Wochen später einbehalten konnte. So war endlich alles vorbereitet. Ein hübscher Biber ersetzte den schäbigen Waschbär, und ich rüstete mich Schritt für Schritt zur Tat. Ich durfte die Angelegenheit auf keinen Fall überstürzen, sie musste gekonnt vorbereitet sein, eben Schritt für Schritt. Aber ich muss gestehen, dass ich nach mehreren Versuchen geradezu verzweifelte: Wir stießen nicht zusammen, es war nichts zu machen! Wie ich mich auch vorbereitete, wie fest ich auch entschlossen war – es scheint, gleich stoßen wir zusammen –, ich sehe hin – und wieder mache ich Platz, und wieder geht er vorbei, ohne mich auch nur zu bemerken. Ich habe sogar Gebete vor mich hingemurmelt, wenn ich auf ihn zuging, damit Gott mir Entschlossenheit gebe. Einmal war ich schon vollkommen entschlossen, aber es endete damit, dass ich ihm nur vor die Füße kam, weil ich im allerletzten Augenblick, einige Zentimeter vor ihm, wieder mutlos wurde. Er schritt mit größter Seelenruhe über mich hinweg, ich aber flog wie ein Ball zur Seite. In der Nacht darauf lag ich wieder im Fieber und phantasierte. Und plötzlich endete es besser, als man es überhaupt hätte wünschen können. In der vorhergehenden Nacht hatte ich endgültig beschlossen, von meinem verhängnisvollen Vorhaben abzulassen und alles aufzugeben; mit diesem Entschluss ging ich zum letzten Mal auf den Newskij, um zu sehen, wie ich das alles so einfach aufgeben werde. Plötzlich, drei Schritte vor meinem Feind, entschloss ich mich, ganz unerwartet, drückte die Augen zu und – wir stießen gehörig Schulter gegen Schulter! Keinen Zentimeter war ich ausgewichen und ging, mit ihm auf gleichem Fuße stehend, an ihm vorbei! Er blickte sich nicht einmal um und tat, als ob er überhaupt nichts bemerkt hätte; aber er tat nur so, davon bin ich überzeugt. Bis auf den heutigen Tag bin ich davon überzeugt! Natürlich bekam ich mehr ab als er, er war viel stärker, doch darum ging es nicht. Es ging darum, dass ich mein Ziel erreicht und meine Würde gewahrt, dass ich nicht einen einzigen Schritt nachgegeben und mich öffentlich mit ihm auf die gleiche soziale Stufe gestellt hatte. Ich bin vollkommen gerächt nach Hause zurückgekehrt. Ich war begeistert, ich triumphierte und sang italienische Arien. Selbstverständlich brauche ich Ihnen nicht zu beschreiben, was drei Tage später in mir vorging; wenn Sie mein erstes Kapitel, das »Kellerloch«, gelesen haben, so werden Sie es erraten. – Der Offizier wurde später irgendwohin versetzt; seit vierzehn Jahren habe ich ihn nicht gesehen. Was mag mein Täubchen wohl jetzt treiben? Über wen hinwegschreiten?

II

Näherte sich aber die Zeit meiner Ausschweifungen ihrem Ende, so wurde mir entsetzlich übel. Es kam die Reue, ich verjagte sie: Es war nicht zum Aushalten. Mit der Zeit aber gewöhnte ich mich auch daran. Ich gewöhnte mich ja an alles, das heißt, nicht dass ich mich eigentlich gewöhnte, vielmehr willigte ich gewissermaßen freiwillig ein, alles auszuhalten. Doch hatte ich einen Ausweg, der mich voll und ganz entschädigte, nämlich – in alles ›Schöne und Erhabene‹ zu entfliehen, natürlich nur in meinen Träumen. Ich träumte fürchterlich viel. Ich träumte zuweilen drei Monate lang in einem Zug, in meinen Winkel verkrochen; und Sie können es mir schon glauben, dass ich in diesen Augenblicken durchaus nicht jenem Herrn glich, der in der Verwirrung seines Hühnerherzens einen deutschen Biber an den Kragen seines Mantels nähte. Ich wurde plötzlich ein Held. Ich hätte den hünenhaften Leutnant nicht einmal empfangen, ich konnte ihn mir nicht einmal vorstellen zu dieser Zeit. Welcher Art mein Träumen war und wie es mir genügen konnte – das ist jetzt schwer zu sagen, doch damals genügte es mir vollkommen. Übrigens genügt es mir ja auch teilweise jetzt noch. Die süßesten und farbigsten Träume kamen mir nach meinen jämmerlichen Ausschweifungen. Sie kamen mit Reue und Tränen, mit Fluch und Entzücken. Augenblicke gab es, in denen meine Wonnen und mein Glück so eindeutig waren, dass ich nicht den leisesten Hohn empfand, bei Gott. Nichts als Glaube, Hoffnung, Liebe. Das war es ja, dass ich dann blind daran glaubte, durch irgendein Wunder, durch irgendein äußeres Ereignis, würde dieses alles plötzlich sich dehnen und weiten;

und plötzlich werde sich das weite Feld einer mir entsprechenden Tätigkeit eröffnen, einer segensreichen, schönen und vor allen Dingen einer *fix und fertigen* (welcher eigentlich, wusste ich allerdings nie, aber die Hauptsache war: fix und fertig), und dann trete ich plötzlich in die Welt, und es fehlt nicht viel, dass ich auf weißem Ross und mit Lorbeerkranz erscheine. An eine zweitrangige Rolle habe ich nie denken können und mich gerade deshalb in der Wirklichkeit ruhig mit der letzten abgefunden. Held oder Dreck, eine Mitte gab es nicht. Das war mein Verderben, denn im Dreck beruhigte ich mich damit, dass ich zu anderen Zeiten wiederum Held war, der Held aber den Dreck verdecke: für einen gewöhnlichen Menschen ist es sozusagen eine Schande, sich zu beschmutzen, der Held jedoch steht viel zu hoch, um sich überhaupt beschmutzen zu können, folglich darf er sich ruhig beschmutzen. Sonderbar, dass mich alle Wallungen des ›Schönen und Erhabenen‹ besonders in der Zeit meiner schmählichen Ausschweifungen überkamen, gerade dann, wenn ich bis auf den Grund gesunken war; sie flackerten auf, als ob sie sich in Erinnerung bringen wollten, ohne jedoch die Ausschweifungen durch ihr Erscheinen zu tilgen; im Gegenteil, sie belebten sie geradezu durch den Kontrast und kamen genau in dem Maße, wie es zu einer guten Soße nötig war. Diese Soße bestand aus Widerspruch und Leiden, aus qualvoller innerer Analyse, und alle diese großen und kleinen Qualen verliehen meinen Ausschweifungen eine gewisse Pikanterie, ja sogar einen gewissen Sinn, mit einem Wort, sie erfüllten in jeder Beziehung die Bestimmung einer guten Soße. Und wie hätte ich mich denn auf die einfältige, triviale, unmittelbare Ausschweifung einer Schreiberseele einlassen und wie dann diesen ganzen Dreck ertragen können? – Was hätte mich dann daran reizen, was nachts auf die Straße ziehen können? Nein, ich hatte mir für alles ein edles Hintertürchen zugelegt …

Aber wie viel Liebe, Herrgott, wie viel Liebe erlebte ich zuweilen in diesen meinen Träumen, in dieser ›Zuflucht bei allem Schönen und Erhabenen‹: Wenn es auch eine phantastische Liebe war, wenn sie sich auch in Wirklichkeit niemals auf Menschliches richtete, so gab es ihrer so viel, dieser Liebe, dass man später, in Wirklichkeit, gar kein Bedürfnis empfand, sie zu verwenden: das wäre schon ganz überflüssiger Luxus gewesen. Übrigens mündete alles immer überaus glücklich, tatenlos und schwelgend in das Reich der Kunst, das heißt in jene schönen, fix und fertigen Formen des Seins, unverkennbar den Dichtern und Romanschriftstellern entliehen und allen möglichen Anforderungen und Dienstleistungen angepasst. Ich triumphiere über alle; selbstverständlich liegen alle im Staube vor mir und sind gezwungen, freiwillig meine sämtlichen Vollkommenheiten anzuerkennen, ich aber vergebe ihnen allen. Ich verliebe mich als berühmter Dichter und Kammerherr; bekomme unzählige Millionen und opfere sie sofort für das Wohl der Menschheit, zu gleicher Zeit aber beichte ich vor dem ganzen Volk alle meine Sünden, die selbstverständlich keine gewöhnlichen Sünden sind, sondern ungemein viel ›Schönes und Erhabenes‹ in sich schließen, irgendetwas à la »Manfred«. Alle weinen und küssen mich (sie wären doch dumm, wenn sie das nicht täten), ich aber ziehe barfüßig und hungrig von dannen, um neue Ideen zu verkünden, und schlage die Reaktionäre bei Austerlitz. Darauf erklingt ein Marsch, eine Amnestie wird erlassen, der

Papst erklärt sich bereit, von Rom nach Brasilien überzusiedeln; darauf ein Ball für ganz Italien in der Villa Borghese, die aber am Comer See liegt, so dass der Comer See einzig zu diesem Zweck nach Rom verlegt ist, darauf eine Szene im Boskett usw. usw. – das kennen Sie doch auch? Sie werden sagen, dass es niedrig und gemein sei, alles das jetzt auf den Markt zu tragen, nach so viel Begeisterung und Tränen, die ich selbst eingestanden hätte. Aber warum soll es denn gemein sein, mit Verlaub? Glauben Sie denn wirklich, dass ich mich all dessen schäme und dass all dies dümmer sei als irgendetwas in Ihrem Leben, meine Herrschaften? Zudem, Sie können mir glauben, war bei mir manches durchaus nicht schlecht komponiert. Es spielte sich nicht alles am Comer See ab. Übrigens haben Sie Recht; es ist wirklich niedrig und gemein, aber das Gemeinste ist, dass ich mich jetzt vor Ihnen zu rechtfertigen suche. Aber noch gemeiner ist, dass ich jetzt diese Bemerkung mache. Doch genug, sonst käme man überhaupt nie auf einen Grund: Immer wird das eine noch gemeiner sein als das andere …

Ich war nicht imstande, länger als drei Monate hintereinander zu träumen, und empfand dann ein unüberwindliches Bedürfnis, mich in menschliche Gesellschaft zu stürzen. Mich in menschliche Gesellschaft stürzen bedeutete, einen Besuch bei meinem Bürovorsteher Anton Antonytsch Setotschkin machen. Das war der einzige ständige Bekannte in meinem ganzen Leben, und heute wundere ich mich selbst über diesen Umstand. Doch auch zu ihm ging ich erst dann, wenn eine solche Phase anbrach und meine Träume einen solchen Glücksgrad erreichten, dass ich unbedingt und unverzüglich Menschen und die ganze Menschheit umarmen musste. Zu dem Zweck aber musste wenigstens ein Mensch vorhanden sein, ein wirklich existierender Mensch. Anton Antonytsch konnte man übrigens nur dienstags besuchen (das war sein *jour fixe*), folglich musste sich das Bedürfnis, die Menschheit zu umarmen, immer nach dem Dienstag richten. Dieser Anton Antonytsch wohnte bei den ›Fünf Ecken‹ im vierten Stock, in vier Zimmerchen, niedrig und klein – kleiner – am kleinsten, die einen äußerst sparsamen und irgendwie gelben Eindruck machten. Er hatte zwei Töchter und deren Tante, die den Tee einschenkte. Eine Tochter war dreizehn, die andere vierzehn, beide hatten Stupsnäschen, und beide brachten mich in schreckliche Verlegenheit, denn sie flüsterten und kicherten die ganze Zeit. Der Hausherr saß meistens in seinem Kabinett, auf dem Ledersofa, vor dem Tisch, mit irgendeinem grauhaarigen Gast, einem Beamten aus unserer, zuweilen auch aus einer fremden Kanzlei. Mehr als zwei, drei Gäste, immer dieselben, habe ich dort nie gesehen. Man redete über die Akzise, über Senatsdebatten, Gehalt, Beförderung, von Seiner Exzellenz, von den Möglichkeiten, vorteilhaft aufzufallen usw. usw. Ich besaß die Ausdauer, neben diesen Menschen mitunter geschlagene vier Stunden wie ein Narr dazusitzen und ihnen zuzuhören, ohne selbst auch nur einmal den Mund aufzutun, weil ich es nicht wagte und auch nichts zu sagen hatte. Ich verblödete, erlitt Schweißausbrüche und war einem Schlaganfall nahe; aber das war gut und nützlich. Nach Hause zurückgekehrt, schob ich meine Absicht, die ganze Menschheit zu umarmen, für einige Zeit auf.

Übrigens gab es da noch einen Bekannten, Simonow, meinen ehemaligen Schulkameraden. Solche Schulkameraden hatte ich genau genommen mehrere in Petersburg, doch verkehrte ich mit ihnen nicht und hörte sogar auf, sie auf der Straße zu grüßen. Vielleicht trat ich nur aus dem einen Grunde in ein anderes Amt ein, um ihnen aus dem Weg zu gehen und sie samt meiner verhassten Kindheit hinter mir zu lassen. Fluch über diese Schule, über diese furchtbaren Zuchthausjahre! Mit einem Wort, ich wollte von meinen Kameraden nichts mehr wissen, sobald ich in die Freiheit entlassen war. Es blieben höchstens zwei, drei Menschen, die ich, wenn wir uns trafen, noch grüßte. Zu diesen gehörte auch Simonow, der sich in der Schule durch nichts ausgezeichnet hatte, still und ausgeglichen war, in dessen Charakter ich aber eine gewisse Unabhängigkeit und sogar Ehrlichkeit entdeckte. Ich glaube nicht einmal, dass er besonders beschränkt war. Früher hatten wir ziemlich helle Stunden miteinander, aber das hielt nicht lange an, und sie verdüsterten sich plötzlich. Offenbar waren ihm diese Erinnerungen peinlich, und er fürchtete jedes Mal, wie es schien, ich könnte in den alten Ton fallen. Ich vermutete, dass ich ihn abstieß, fuhr aber fort, ihn zu besuchen, da ich nicht ganz davon überzeugt war.

Und einmal, an einem Donnerstag, als ich meine Einsamkeit nicht mehr ertragen konnte und wusste, dass donnerstags Anton Antonytschs Tür verschlossen war, erinnerte ich mich an Simonow. Während ich zu ihm in den vierten Stock hinaufstieg, dachte ich, dass ich diesem Herrn nur lästig wäre und daher eigentlich nicht zu ihm gehen sollte. Doch da es bei mir immer so endete, dass gerade derartige Überlegungen mich veranlassten, eine für mich zweideutige Situation heraufzubeschwören, trat ich trotzdem ein. Es war fast ein ganzes Jahr vergangen, seit ich Simonow zum letzten Mal gesehen hatte.

III

Ich traf bei ihm noch zwei meiner früheren Schulkameraden an. Offensichtlich besprachen sie etwas sehr Wichtiges. Meinem Eintritt schenkte keiner von ihnen sonderliche Aufmerksamkeit, was eigentlich seltsam war, denn wir hatten uns jahrelang nicht gesehen. Augenscheinlich hielt man mich für eine Art ganz gewöhnlicher Fliege. So hat man mich nicht einmal in der Schule behandelt, obgleich mich dort alle hassten. Ich verstand natürlich, dass sie mich jetzt verachten mussten, weil ich keine Karriere machte, weil ich mich gehen ließ, wegen der schlechten Kleidung usw. – was in ihren Augen geradezu das Aushängeschild für meine Unfähigkeit und Bedeutungslosigkeit war. Trotzdem hatte ich keine derart tiefe Verachtung erwartet. Simonow staunte sogar über meinen Besuch. Auch früher hatte er sich schon immer über mein Kommen gewundert. Alles das machte mich stutzig; bedrückt setzte ich mich und hörte ihrem Gespräch zu.

Man sprach mit Ernst und sogar mit Feuer über das Abschiedsdiner, das diese Herrschaften schon morgen ihrem Freund Swerkow geben wollten, einem Offizier, der sehr weit weg versetzt werden sollte. Monsieur Swerkow war gleichfalls von der ersten Klasse an mein Mitschüler gewesen. In den oberen Klassen hatte ich ihn ganz besonders zu hassen begonnen. In den unteren Klassen war er bloß ein hübscher lustiger Knabe gewesen, den alle liebten. Übrigens hasste ich ihn auch schon in den unteren Klassen eben gerade deshalb, weil er hübsch und lustig war. Er lernte von Anfang an schlecht und im Lauf der Jahre immer schlechter; trotzdem schloss er die Schule erfolgreich ab, denn er hatte Protektion. Im letzten Schuljahr fiel ihm eine Erbschaft zu, zweihundert Seelen, und da wir andern fast alle arm waren, prahlte er sogar vor uns mit seinem Reichtum. Er war ausgesprochen gewöhnlich, doch ein guter Junge, selbst dann, wenn er prahlte. Ungeachtet unserer äußerlichen, phrasenhaften und phantastischen Begriffe von Standesgefühl und Ehre lagen alle, ganz wenige ausgenommen, Swerkow zu Füßen, je mehr er prahlte. Und zwar nicht etwa aus Berechnung, sondern einfach so, weil er ein vom Schicksal favorisierter Mensch war. Zudem war es bei uns üblich, Swerkow für einen Spezialisten in allem zu halten, was Gewandtheit und gute Manieren betraf. Letzteres brachte mich besonders auf. Ich hasste seine scharfe, selbstsichere Stimme, die Bewunderung der eigenen Witze, die bei ihm schrecklich dumm ausfielen, obwohl er eine lockere Zunge hatte; ich hasste sein schönes, aber einfältiges Gesicht (gegen das ich übrigens mit Vergnügen mein *kluges* eingetauscht hätte) und seine lässigen Offiziersmanieren. Ich hasste es, wie er von seinen zukünftigen Erfolgen bei Frauen erzählte (er konnte sich nicht entschließen, Beziehungen zu Frauen anzuknüpfen, bevor er die Offiziersepauletten hatte, und sehnte sie heiß herbei) und von den bevorstehenden pausenlosen Duellen. Ich erinnere mich noch, wie ich, der immer schweigsam war, mich plötzlich auf ihn stürzte, als er gerade in einer Pause mit den Kameraden über die Weiber sprach und mit der selbstzufriedenen Verspieltheit eines jungen Köters erklärte, er werde kein einziges Bauernmädchen auf seinem Gut unbeachtet lassen, das sei *droit de seigneur*, die Bauern aber, falls sie sich erdreisten sollten zu protestieren, werde er alle durchpeitschen und von all diesen bärtigen Kanaillen doppelte

Pacht fordern. Der Pöbel klatschte Beifall, ich aber stürzte mich auf ihn, durchaus nicht aus Mitleid mit den Mädchen oder deren Vätern, sondern einfach, weil so ein Kakerlak solchen Beifall fand. Ich behielt damals die Oberhand, doch Swerkow war zwar dumm, aber lustig und dreist, und so zog er sich mit Lachen aus der Affäre, und zwar so gut, dass ich, um bei der Wahrheit zu bleiben, denn doch nicht ganz die Oberhand behielt: Das Lachen war auf seiner Seite. Später behielt er noch öfter die Oberhand, doch ohne Bosheit, irgendwie scherzend, im Vorbeigehen, lachend. Ich verharrte in grimmigem und verächtlichem Schweigen. Nach dem Ende der Schulzeit versuchte er eine Annäherung; ich sträubte mich nicht sonderlich, denn ich fühlte mich geschmeichelt; aber wir gingen bald und ganz von selbst auseinander. Dann hörte ich von seinen Kasernenleutnantserfolgen, von seinem *flotten Leben*. Dann hörte man wieder anderes – er werde im Dienst *avancieren*. Er grüßte mich schon nicht mehr auf der Straße, und ich vermutete, dass er fürchtete, durch die Bekanntschaft mit einer so unbedeutenden Persönlichkeit wie der meinen sich zu kompromittieren. Einmal sah ich ihn auch im Theater, im dritten Rang, bereits mit Achselschnüren. Er wand und schlängelte sich vor den Töchtern irgendeines uralten Generals. Nach drei Jahren etwa fing er an, sich sichtbar gehen zu lassen, wenn er auch wie früher noch ziemlich schön und gewandt blieb; er sah aufgedunsen aus und setzte Speck an. Es war bereits zu erkennen, dass er in den Dreißigern vollends aus der Façon gehen würde. Also diesem endlich wegziehenden Swerkow beabsichtigten unsere Schulkameraden ein Abschiedsessen zu geben. Sie hatten in diesen drei Jahren ständig mit ihm verkehrt, wenn sie sich ihm auch nicht für ebenbürtig hielten, davon bin ich überzeugt.

Von den beiden Gästen Simonows war der eine Ferfitschkin, ein Deutschrusse – ein Männchen mit einem Affengesicht, ein über alle Welt spottender Dummkopf, mein größter Feind schon aus den untersten Klassen, gemein und frech, ein Aufschneider, und noch dazu mit einem gespielt empfindlichen Ehrgefühl, in Wirklichkeit natürlich ein Hasenfuß. Er gehörte zu jenen Bewunderern Swerkows, die ihn aus Berechnung hofierten und von ihm oft Geld borgten. Der andere Gast Simonows, Trudoljubow, war in keiner Weise bemerkenswert, ein echter Soldat, von hohem Wuchs, mit einer kalten Physiognomie, ziemlich ehrlich, aber jeden Erfolg bewundernd und im Übrigen nur fähig, über Beförderung zu sprechen. Mit Swerkow war er irgendwie entfernt verwandt, und – es ist kaum zu glauben – dieser Umstand verlieh ihm unter uns eine gewisse Bedeutung. Von mir hielt er überhaupt nichts, er behandelte mich zwar nicht sehr höflich, aber immerhin erträglich.

»Also«, begann Trudoljubow, »pro Mann sieben Rubel, wir sind zu dritt, macht also einundzwanzig, dafür kann man gut essen. Swerkow zahlt natürlich nichts.«

»Selbstverständlich nicht – wir laden ihn doch ein«, entschied Simonow.

»Glaubt ihr denn wirklich«, mischte sich Ferfitschkin hochnäsig und eifrig ein – ganz und gar unverschämter Lakai, der mit den Orden seines Herren prahlt –, »glaubt ihr denn wirklich, Swerkow wird uns allein zahlen lassen? Aus Delikatesse wird er es vielleicht annehmen, dafür aber von sich aus ein halbes Dutzend spendieren.«

»Nun, sechs Flaschen Champagner sind für uns vier zu viel«, meinte Trudoljubow, dem nur das halbe Dutzend aufgefallen war.

»Also wir drei, mit Swerkow vier, einundzwanzig Rubel, im Hôtel de Paris, morgen um fünf«, schloss Simonow, der zum Festordner gewählt worden war.

»Wieso einundzwanzig?«, sagte ich in einer gewissen Erregung, ja sogar sichtlich gekränkt, »mich mitgerechnet, sind es nicht einundzwanzig, sondern achtundzwanzig Rubel.«

Es schien mir, mich so plötzlich und unerwartet anzubieten würde sich sehr schön ausnehmen, und alle würden augenblicklich besiegt sein und mich voller Hochachtung ansehen.

»Wollen Sie denn etwa mit?«, sagte Simonow verstimmt, wobei er vermied, mich anzusehen. Er kannte mich durch und durch.

Ich war wütend, weil er mich durch und durch kannte.

»Aber ich bitte, warum denn nicht? Ich bin doch, glaube ich, auch sein Schulkamerad, und ich fühle mich sogar gekränkt, dass man mich übergangen hat«, begann ich wieder zu grollen.

»Wo sollte man Sie denn suchen?«, mischte sich Ferfitschkin grob ein.

»Sie haben sich mit Swerkow nie gut verstanden«, fügte Trudoljubow stirnrunzelnd hinzu. Aber ich biss mich fest und ließ nicht mehr los.

»Ich glaube, keinem steht es zu, darüber zu urteilen«, entgegnete ich mit bebender Stimme, ganz, als ob Gott weiß was geschehen wäre. »Vielleicht will ich gerade deswegen, weil ich mich früher mit ihm nicht verstanden habe.«

»Nun, wer kann das ahnen … diese Feinheiten …«, lächelte Trudoljubow.

»Gut, Sie werden eingetragen«, entschied Simonow, sich an mich wendend, »morgen um fünf im Hôtel de Paris; vergessen Sie es nicht.«

»Das Geld!«, begann Ferfitschkin halblaut, indem er auf mich zeigte, verstummte aber, da sogar Simonow verlegen wurde.

»Genug«, sagte Trudoljubow und erhob sich. »Wenn ihm so viel daran liegt, mag er nur kommen.«

»Aber wir sind doch im engsten Kreise, ganz unter uns«, giftete Ferfitschkin und griff gleichfalls nach seinem Hut. »Das ist doch keine offizielle Veranstaltung. Vielleicht sind Sie überhaupt unerwünscht.«

Sie gingen.

Ferfitschkin grüßte mich nicht einmal, Trudoljubow nickte kaum, ohne aufzublicken. Simonow, mit dem ich nun allein blieb, verharrte in ärgerlicher Verwunderung und blickte mich sonderbar an. Er setzte sich nicht und forderte mich auch nicht auf, Platz zu nehmen.

»Hm! … Ja … also morgen. Wollen Sie mir das Geld gleich geben? Ich meine der Ordnung halber«, murmelte er verlegen.

Ich wurde rot, aber während ich rot wurde, erinnerte ich mich daran, dass ich Simonow seit undenklichen Zeiten fünfzehn Rubel schuldete, was ich übrigens nie vergaß, die ich ihm aber noch immer nicht zurückgegeben hatte.

»Geben Sie doch zu, Simonow, dass ich nicht wissen konnte, als ich herkam … und es tut mir sehr leid, dass ich vergaß …«

»Schon gut, schon gut, egal, Sie zahlen morgen beim Diner. Ich wollte nur wissen ... bitte ...«

Er verstummte und begann im Zimmer auf und ab zu gehen, noch ungehaltener. Beim Gehen trat er jetzt mit den Absätzen auf und stampfte immer lauter.

»Ich halte Sie doch nicht auf?«, fragte ich nach einem Schweigen, das zwei Minuten lang angehalten hatte.

»O nein«, fuhr er plötzlich auf, »das heißt, im Grunde ja. Sehen Sie, ich hätte noch etwas zu besorgen ... hier in der Nähe ...«, fügte er mit irgendwie schuldbewusster Stimme hinzu, ein wenig verlegen.

»Ach, mein Gott, warum haben Sie das nicht gleich gesagt«, rief ich, indem ich nach meiner Mütze griff, und zwar mit erstaunlicher Ungezwungenheit, die Gott weiß woher über mich kam.

»Es ist ja nicht weit ... ein paar Schritte ...«, wiederholte Simonow, als er mich durch den Flur begleitete, mit einer Geschäftigkeit, die ihm durchaus nicht zu Gesicht stand. »Also morgen Punkt fünf!«, rief er mir nach, als ich bereits auf der Treppe stand; er war zu froh, dass ich ging. Ich war rasend vor Wut.

›Musstest du dich einmischen!‹, knirschte ich mit den Zähnen, indem ich durch die Straßen lief. ›Und ausgerechnet diesem Gauner, diesem Ferkel, diesem Swerkow. Selbstverständlich darf man nicht hingehen; selbstverständlich soll sie der Kuckuck holen: bin ich denn etwa verpflichtet hinzugehen? Morgen werde ich Simonow durch die Stadtpost benachrichtigen ...‹

Aber ich war gerade deshalb so wütend, weil ich mit Sicherheit wusste, dass ich doch hingehen würde, dass ich absichtlich hingehen würde; und je taktloser, je ungehöriger es wäre hinzugehen, umso eher würde ich es tun.

Es gab sogar einen positiven Grund, nicht hinzugehen: Ich hatte kein Geld. Alles in allem besaß ich neun Rubel. Aber sieben davon musste ich bereits morgen Apollon, meinem Diener, als Monatsgehalt auszahlen, der mir für sieben Rubel monatlich, bei eigener Kost, aufwartete.

Ihn nicht auszuzahlen war unmöglich, da ich Apollons Charakter nur zu gut kannte. Doch auf diese Kanaille, auf dieses Kreuz werde ich noch ausführlich zu sprechen kommen.

Übrigens wusste ich ja, dass ich ihn doch nicht entlohnen, sondern unbedingt hingehen würde.

In jener Nacht hatte ich die abscheulichsten Träume. Kein Wunder: den ganzen Abend hatten mich Erinnerungen aus den Zuchthausjahren meiner Schulzeit gequält, und ich konnte sie nicht loswerden. In diese Schule war ich von meinen entfernten Verwandten abgeschoben worden, von denen ich abhängig war und die ich seither völlig aus den Augen verloren habe – ich wurde einfach abgeschoben, eine Waise, durch ihre Vorwürfe schon verschüchtert, schon nachdenklich, schweigsam und scheu um mich blickend. Meine Mitschüler empfingen mich mit boshaftem und unbarmherzigem Spott, weil ich keinem von ihnen ähnlich war. Ich aber konnte keinen Spott ertragen; ich konnte mich nicht so leicht mit ihnen abfinden, wie sie sich miteinander abgefunden hatten. Ich hasste sie vom ersten Tage an und verschanzte mich vor ihnen hinter einem scheuen, tödlich verwundeten und unbändigen Stolz. Ihre Rohheit empörte mich. Sie lachten zynisch über mein Gesicht, über meine unbeholfene Gestalt; und was hatten sie selbst für dumme Gesichter! In unserer Schule nahmen die Gesichter mit der Zeit einen irgendwie ganz besonders dummen und veränderten Ausdruck an. Wie viele prächtige Kinder traten bei uns ein! Nach einigen Jahren war es schon widerlich, sie auch nur anzusehen. Mit sechzehn Jahren wunderte ich mich über sie voller Grimm; schon damals wunderte ich mich über die Kleinlichkeit ihres Denkens, die Dummheit ihrer Beschäftigungen, ihrer Spiele, ihrer Reden. Sie hatten so wenig Verständnis für die notwendigsten Dinge, so wenig Interesse für die auffallendsten und erstaunlichsten Gegenstände, dass ich sie unwillkürlich für unter mir stehende Geschöpfe hielt. Nicht etwa beleidigter Ehrgeiz brachte mich dazu, und kommen Sie mir um Gottes willen nicht mit den bis zur Übelkeit bekannten Gemeinplätzen: Ich hätte wohl nur in meinen Träumen gelebt, sie aber hätten schon damals das wirkliche Leben begriffen. Nichts hatten sie begriffen, keinerlei wirkliches Leben. Ich schwöre, das war es ja gerade, was mich an ihnen am meisten ärgerte. Im Gegenteil, die offenkundigste, ins Auge springende Wirklichkeit nahmen sie phantastisch dumm auf und huldigten schon damals nur dem Erfolg. Alles, was zwar im Recht, jedoch erniedrigt und eingeschüchtert war, wurde von ihnen hartherzig und schändlich verhöhnt. Rang galt für Verstand; schon mit sechzehn Jahren hatten sie es auf eine fette Pfründe abgesehen. Natürlich musste man vieles auf Dummheit und schlechtes Beispiel zurückführen, die sie in ihrer Kindheit und Jugend ununterbrochen umgeben hatten. Lasterhaft waren sie bis zur Ungeheuerlichkeit. Auch hier war manches nur äußerlich, manches gespielter Zynismus. Das Junge und eine gewisse Frische brachen auch bei ihnen durch all das Laster hindurch; aber selbst ihre Frische war abstoßend und äußerte sich als Angeberei. Ich hasste sie maßlos, obgleich ich womöglich noch schlechter war als sie. Sie zahlten mir mit derselben Münze heim und machten aus ihrem Ekel keinen Hehl. Doch ich habe mir schon damals ihre Liebe nicht mehr gewünscht; im Gegenteil, ich trachtete nur danach, sie zu erniedrigen. Um mich von ihrem Spott zu befreien, begann ich möglichst eifrig zu lernen und gehörte bald zu den Besten. Das imponierte ihnen. Obendrein begannen sie allmählich zu begreifen, dass ich bereits Bücher las, die sie nicht lesen konnten, und dass ich schon Dinge (die nicht zu unserem speziellen Kursus gehörten) begriff, von denen sie nicht einmal etwas gehört hatten. Sie sahen mich verständnislos und höhnisch an, moralisch aber unterwarfen sie sich umso mehr, als sogar die Lehrer mich in dieser Beziehung bereits auszeichneten. Die Hänseleien hörten auf, doch die Feindseligkeit blieb, und es stellten sich kalte und gezwungene Beziehungen ein. Zu guter Letzt hielt ich es nicht mehr aus: mit den Jahren wuchs in mir das Bedürfnis nach Menschen, nach Freunden. Ich versuchte mich manchen zu nähern, aber stets waren die Beziehungen gekünstelt und gingen bald von selbst wieder ein. Einmal hatte ich sogar einen Freund, aber in meinem Herzen war ich schon ein Despot; ich wollte unbeschränkt über seine Seele herrschen; ich wollte ihm Verachtung für seine Umgebung einpflanzen; ich verlangte von ihm einen hochmütigen und endgültigen Bruch mit dieser Umgebung; ich erschreckte ihn mit meiner leidenschaftlichen Freundschaft. Ich brachte ihn bis zu Tränen, zu Krämpfen; er war eine naive und hingebungsvolle Seele, doch als er sich mir ganz ergeben hatte, begann ich ihn sofort zu hassen und verstieß ihn –

ganz als ob ich ihn nur gebraucht hätte, um ihn zu besiegen, um ihn mir zu unterwerfen. Alle jedoch konnte ich nicht besiegen; mein Freund glich auch keinem einzigen unter ihnen und war eine seltene Ausnahme. Meine erste Tat nach dem Verlassen der Schule bestand darin, jene Laufbahn, für die ich vorgesehen war, sofort aufzugeben, um alle Fäden zu zerreißen, die Vergangenheit zu verfluchen und Staub und Asche darauf zu streuen ... Und der Teufel mag wissen, weshalb ich mich nach all dem zu diesem Simonow schleppte! ...

Am nächsten Morgen wachte ich mit Schrecken auf und sprang aufgeregt aus dem Bett, ganz als ob das alles sofort beginnen müsste. Aber ich glaubte, dass noch am selben Tag ein radikaler Umbruch in meinem Leben eintreten, unbedingt eintreten werde. Vielleicht lag es an meiner Unerfahrenheit, aber mein ganzes Leben lang, bei jedem äußeren, wenn auch noch so geringfügigen Ereignis, schien es mir immer, dass auf der Stelle irgendein radikaler Umbruch in meinem Leben eintreten würde. Übrigens begab ich mich wie gewöhnlich in die Kanzlei, machte mich aber schon zwei Stunden früher als üblich davon, um mich zu Hause vorzubereiten. Die Hauptsache ist nur, dachte ich, dass ich nicht als Erster erscheine, sonst wird man denken, ich freute mich allzu sehr. Doch solcher Hauptsachen gab es Tausende, und sie alle regten mich bis zur Erschöpfung auf. Eigenhändig putzte ich mir noch einmal die Stiefel; Apollon hätte sie um nichts in der Welt zweimal am Tage geputzt, denn er fand, dass das gegen die Ordnung sei. Und so putzte ich sie denn selbst, nachdem ich mich mit der Bürste aus dem Flur davongestohlen hatte, damit er nichts merke und mich später nicht verachte. Darauf untersuchte ich meine Kleider und fand, dass alles alt, abgetragen, schäbig war. Ich war schlampig geworden. Die Vizeuniform war noch am ehesten in Ordnung, aber ich konnte doch nicht in Vizeuniform dinieren. Besonders schlimm war ein riesiger gelber Fleck auf der Hose, gerade auf dem Knie. Ich ahnte schon, dass allein dieser Fleck mich neun Zehntel meiner Würde kosten würde. Allerdings wusste ich auch, dass es unter meiner Würde war, so zu denken. ›Aber jetzt geht es nicht mehr ums Denken: jetzt beginnt die Wirklichkeit‹, dachte ich und verlor immer mehr den Mut. Ich wusste im selben Augenblick ganz genau, dass ich alle diese Tatsachen ungeheuer übertrieb; aber was sollte ich machen, ich konnte mich nicht mehr beherrschen und hatte Schüttelfrost. Verzweifelt malte ich mir aus, wie herablassend und kühl mich dieser ›Schuft‹ Swerkow begrüßen würde; mit welch stumpfsinniger, unüberwindlicher Verachtung dieser Schafskopf Trudoljubow mich betrachten, wie niederträchtig und dreist der Kakerlak Ferfitschkin über mich kichern würde, um sich bei Swerkow einzuschmeicheln; wie vorzüglich Simonow das alles überschauen und mich wegen meiner Eitelkeit und Schwäche verachten würde, und die Hauptsache – wie kläglich, wie *unliterarisch*, wie alltäglich das alles sein würde. Natürlich, am besten wäre es, überhaupt nicht hinzugehen. Aber gerade das war ganz und gar unmöglich: wenn es mich schon einmal irgendwohin zog, dann ließ ich mich völlig hineinziehen, bis über den Kopf. Ich hätte mich mein Leben lang damit geneckt: ›Ätsch, da siehst du, da hast du doch gekniffen, du hast vor der *Wirklichkeit* gekniffen, hast gekniffen!‹ Ganz im Gegenteil, ich war leidenschaftlich darauf bedacht, gerade diesem Pack zu beweisen, dass ich keineswegs der Feigling war, für den ich mich hielt. Nicht genug damit, im stärksten Paroxysmus meiner fieberhaften Feigheit träumte ich davon, sie alle zu besiegen, zu unterwerfen, mitzureißen, sie zu zwingen, mich zu lieben – nun, sagen wir, wegen ›der Erhabenheit meines Geistes und des nicht zu bezweifelnden Scharfsinns‹. Sie werden Swerkow verlassen, er wird abseits sitzen, schweigend und verlegen, ich aber werde Swerkow vernichten. Später würde ich mich unter Umständen wieder mit ihm versöhnen und Brüderschaft trinken, aber ich wusste bereits, und das war am bittersten und kränkendsten für mich – ich wusste bereits, ich wusste eindeutig und mit Sicherheit, dass ich das alles in Wirklichkeit überhaupt nicht brauchte, dass ich in Wirklichkeit überhaupt niemanden vernichten, unterwerfen oder mitreißen wollte und dass ich für dieses ganze Resultat, wenn ich es auch erzwingen könnte, ich, ich persönlich nicht eine Kopeke geben würde. Oh, wie betete ich zu Gott, dieser Tag möge schon vorüber sein! In unaussprechlicher Qual trat ich immer wieder ans Fenster, öffnete es und starrte hinaus in die trübe Dämmerung, in das dichte Treiben der schweren nassen Flocken.

Endlich zischte meine kleine erbärmliche Wanduhr fünfmal. Ich nahm meine Mütze und schlüpfte dann, bemüht, ihn nicht anzusehen, an Apollon vorbei, der schon seit dem Morgen auf seinen Lohn wartete, mich aber vor lauter Stolz nicht ansprechen wollte, und fuhr in einem guten Schlitten, den ich für meinen letzten Fünfziger nahm, vornehm am Hôtel de Paris vor.

IV

Schon am Vorabend war mir klar, dass ich als Erster eintreffen würde. Aber jetzt war das nicht mehr das Schlimmste.

Nicht nur, dass noch keiner von ihnen erschienen war, ich konnte nicht einmal unser Zimmer finden. Der Tisch war noch nicht fertig gedeckt. Was sollte das bedeuten? Nach langem Hin und Her erfuhr ich endlich von den Kellnern, dass das Essen auf sechs und nicht auf fünf Uhr bestellt war. Das bestätigte man mir auch am Buffet. Es wurde peinlich, weiter nachzuforschen. Es war erst fünfundzwanzig Minuten nach fünf. Wenn sie schon die Zeit geändert hatten, so wäre es in jedem Falle ihre Pflicht gewesen, mich davon zu unterrichten, dazu gab es die Stadtpost, und mich nicht der ›Schande‹ auszusetzen, sowohl vor mir selbst als auch … auch vor dem Personal. Ich setzte mich; ein Kellner deckte den Tisch; in seiner Gegenwart war das Warten noch kränkender. Gegen sechs Uhr wurden zu den bereits brennenden Lampen noch Kerzen gebracht, dem Kellner war es gar nicht eingefallen, sie sofort bei meinem Eintreffen zu holen. Im Nebenzimmer speisten an verschiedenen Tischen zwei verdrießliche Gäste, mürrisch und schweigsam. In einem der entfernteren Zimmer ging es laut her, es wurde sogar gebrüllt. Man hörte das Gelächter einer ganzen Menge Menschen; man hörte ordinäres französisches Gekreisch: ein Essen mit Damen. Kurz, es war widerlich. Selten habe ich scheußlichere Minuten erlebt, und als sie endlich Punkt sechs gemeinsam erschienen, freute ich mich über sie wie über Befreier und vergaß beinahe, dass ich verpflichtet war, den Beleidigten zu spielen.

Swerkow trat als Erster ein, der unverkennbare Anführer. Er lachte, und alle anderen lachten mit; aber als er mich erblickte, nahm er sofort Haltung an, näherte sich mir langsam, in der Taille ein wenig vorgebeugt, fast kokett, und reichte mir gemessen freundlich die Hand, mit einer gewissen vorsichtigen, beinahe fürstlichen Höflichkeit, ganz, als ob er, indem er mir die Hand reichte, sich gleichzeitig vor irgendetwas zurückziehe. Ich aber hatte erwartet, dass er, sobald er ins Zimmer träte, in seiner gewohnten Art auflachen würde, hoch und glucksend, und bei den ersten Worten mit seinen seichten Späßchen und Witzen beginnen würde. Auf diese hatte ich mich schon seit dem Vorabend eingestellt, doch nie und nimmer hatte ich eine so herablassende, eine so überlegene Freundlichkeit erwartet. Hält er sich also jetzt in jeder Beziehung für unvergleichlich höherstehend? Will er mich mit seiner Generals-Würde nur kränken, so ist das nicht schlimm, dachte ich; ich würde mich irgendwie darüber hinwegsetzen. Wie aber, wenn dieser Schafskopf tatsächlich von der blödsinnigen Idee besessen ist, er stehe hoch über mir und könne mich gar nicht anders als gönnerhaft behandeln, ohne die geringste Absicht, mich irgendwie zu kränken? Bei der bloßen Vorstellung einer solchen Möglichkeit kam ich in Atemnot.

»Ich hörte mit Erstaunen von Ihrem Wunsch, an unserem Abend teilzunehmen«, begann er affektiert, die Worte in die Länge ziehend, was er früher nie getan hatte. »Wir sind uns lange nicht begegnet. Sie fliehen uns. Gar nicht nötig. Wir sind durchaus nicht so furchtbar, wie es Ihnen scheint. Nun, jedenfalls erfreut, zu erneuern ...«

Und schon wandte er sich achtlos ab, um seinen Hut auf das Fensterbrett zu legen.

»Warten Sie schon lange?«, fragte Trudoljubow.

»Ich kam Punkt fünf, wie gestern abgesprochen«, antwortete ich laut und mit einer Gereiztheit, die einen baldigen Ausbruch ankündigte.

»Hast du ihn denn nicht benachrichtigt, dass wir umdisponiert haben?«, wandte sich Trudoljubow an Simonow.

»Nein, ich habe es vergessen«, antwortete dieser ohne die geringste Verlegenheit und ging, sogar ohne sich bei mir zu entschuldigen, zum Buffet, um die *hors d'œuvres* zu bestellen.

»So sitzen Sie hier schon eine ganze Stunde? Ach, Sie Ärmster!«, rief Swerkow spöttisch, denn nach seinen Begriffen musste das allerdings ungemein komisch sein. Und der Schuft Ferfitschkin sekundierte mit seiner schuftigen kläffenden Stimme wie ein Schoßhündchen. Auch er fand meine Lage außerordentlich komisch und peinlich.

»Das ist durchaus nicht komisch«, schrie ich Ferfitschkin plötzlich an, ich wurde immer gereizter, »die andern sind schuld und nicht ich. Man hat es nicht für nötig befunden, mich zu benachrichtigen. Das ist, das ist … das ist … einfach unmöglich.«

»Nicht nur unmöglich, sondern noch etwas ganz anderes«, brummte Trudoljubow, mich naiv verteidigend. »Sie sind zu weich. Das ist einfach eine Unhöflichkeit. Selbstverständlich ohne Absicht. Wie hat aber Simonow nur … hm!«

»Wenn man sich mir gegenüber so etwas erlaubt hätte …«, mischte sich Ferfitschkin ein, »ich hätte …«

»Ja, Sie hätten sich etwas bestellt«, unterbrach ihn Swerkow, »oder das Essen auftragen lassen, ohne auf uns zu warten.«

»Sie müssen zugeben, dass ich das ohne weiteres hätte tun können«, bemerkte ich kurz. »Wenn ich gewartet habe, so geschah es nur ...«

»Zu Tisch, meine Herren«, rief der eintretende Simonow.

»Alles ist bereit; für den Champagner garantiere ich, er ist vortrefflich gekühlt ... Ich wusste doch nicht, wo Sie wohnen, wo sollte man denn nach Ihnen suchen?«, wandte er sich plötzlich an mich, vermied es jedoch wiederum, mich anzusehen. Offensichtlich hatte er etwas gegen mich. Der gestrige Abend steckte ihm noch in den Knochen.

Alle nahmen Platz; ich setzte mich auch. Der Tisch war rund. Links von mir saß Trudoljubow, rechts Simonow, Swerkow mir gegenüber; Ferfitschkin an seiner Seite, zwischen ihm und Trudoljubow.

»Saaagen Sie ... sind Sie im Departement?«, setzte Swerkow seine Unterhaltung mit mir fort; da er sah, dass ich verlegen war, glaubte er allen Ernstes, man müsse mich freundlich behandeln und sozusagen ein wenig ermutigen. ›Will er eigentlich, dass ich ihm eine Flasche an den Kopf werfe?‹, dachte ich aufgebracht. Ungeübt im Umgang mit Menschen, war ich unnatürlich reizbar.

»In der ...schen Kanzlei«, antwortete ich schroff, den Blick auf den Teller gesenkt.

»Und ...! ... siiind Siiie zufrieden? Saaagen Siiie, was veraaanlasste Siiie, Ihre frühere Stellung zu verlaaassen?«

»Mich veraaanlasste, dass ich meine frühere Stellung verlassen wollte«, ich dehnte dreimal so lange. Ich konnte mich beinahe nicht mehr beherrschen. Ferfitschkin prustete; Simonow sah mich ironisch an; Trudoljubow hielt mitten im Essen inne und begann, mich neugierig zu betrachten.

Swerkow verzog das Gesicht, wollte aber nichts gehört haben.

»Nuuun, und wie ist Ihr Auskommen?«

»Welches Auskommen?«

»Ich meine Ihr Gehaaalt?«

»Wieso examinieren Sie mich?«

Übrigens sagte ich gleich darauf, wie viel ich bekam. Ich lief dunkelrot an.

»Nicht allzu viel«, bemerkte Swerkow gravitätisch.

»Jawohl, damit kann man nicht in Caférestaurants dinieren«, fügte Ferfitschkin unverschämt hinzu.

»Ich finde das einfach ärmlich«, meinte Trudoljubow ernst.

»Und wie mager Sie geworden sind, wie Sie sich verändert haben ... seitdem ...«, fuhr Swerkow, schon nicht mehr ganz ohne Gift, mit einem gewissen herausfordernden Bedauern fort, während er mich und meinen Anzug eingehend musterte.

»Sie machen ihn ja vollends konfus«, rief kichernd Ferfitschkin.

»Mein Herr, machen Sie sich klar, dass ich durchaus nicht konfus bin«, brauste ich schließlich auf. »Hören Sie! Ich speise hier im ›Caférestaurant‹ für mein Geld, für meines, und nicht auf fremde Kosten, merken Sie sich das, Monsieur Ferfitschkin.«

»Wieso? Wer speist denn hier nicht für sein Geld? Sie tun wirklich so, als ob ...«, fuhr Ferfitschkin auf, krebsrot im Gesicht, und starrte mich wütend an.

»Wieso? Ganz einfach«, sagte ich, weil ich fühlte, dass

ich schon zu weit gegangen war. »Ich glaube, wir täten besser, ein vernünftigeres Gespräch zu beginnen.«

»Es scheint, Sie haben die Absicht, Ihren Verstand glänzen zu lassen?«

»Machen Sie sich keine Sorgen, das wäre hier durchaus nicht am Platze.«

»Aber, mein Verehrtester, warum gackern Sie so? Oder haben Sie den Verstand in Ihrem Departement liegen gelassen?«

»Genug, meine Herrschaften, genug!«, rief allmächtig Swerkow.

»Wie dumm«, murmelte Simonow.

»Wirklich dumm. Wir haben uns im vertrauten Kreise versammelt, um unseren guten Freund zu verabschieden, Sie aber wollen hier alte Rechnungen begleichen«, sagte Trudoljubow, wobei er sich grob an mich allein wandte. »Sie haben sich uns gestern ja selbst aufgedrängt, also stören Sie jetzt nicht die allgemeine Harmonie ...«

»Genug, genug«, rief Swerkow. »Halten Sie ein, meine Herrschaften, so geht es nicht weiter. Ich will Ihnen lieber erzählen, wie ich vor drei Tagen beinahe geheiratet hätte ...«

Und so begann eine Geschichte, wie dieser Herr vor drei Tagen beinahe geheiratet hätte. Von der Heirat selbst war eigentlich gar nicht die Rede, aber ständig kamen in der Erzählung Generäle, Obristen, sogar Kammerjunker vor, und Swerkow – ständig in ihrer Mitte, ja fast an der Spitze. Beifälliges Lachen erscholl; Ferfitschkin winselte sogar vor Vergnügen.

Alle vergaßen mich, und ich saß zertreten und vernichtet da.

›Herrgott, ist denn das ein Umgang für dich!‹, dachte ich. ›Welche Blöße habe ich mir vor ihnen gegeben! Ich habe Ferfitschkin allerdings viel durchgehen lassen. Diese Dummköpfe glauben, mir eine große Ehre zu erweisen, wenn sie mir an ihrem Tisch einen Platz einräumen, weil sie nicht begreifen, dass ich, ich es bin, der ihnen die Ehre erweist und nicht etwa sie mir! ‚Abgemagert! Anzug!' Oh, diese verfluchte Hose. Swerkow hat schon vorhin den gelben Fleck auf dem Knie bemerkt ... Ach was – man sollte sich sofort, auf der Stelle, vom Tisch erheben, den Hut nehmen, einfach weggehen, ohne ein Wort zu sagen ... Aus Verachtung! Und morgen meinetwegen Duell. Schufte! Es geht mir nicht um die sieben Rubel. Allerdings könnten sie das denken ... Hol's der Teufel! Es geht mir nicht um die sieben Rubel! Ich gehe sofort!‹

Selbstverständlich blieb ich.

Vor Kummer trank ich ein Glas Lafitte und Cherry nach dem anderen. Des Trinkens ungewohnt, war ich bald betrunken, und mit dem Rausch stieg auch der Ärger. Plötzlich kam mich Lust an, sie alle in der ausfallendsten Weise zu beleidigen und erst dann wegzugehen. Den günstigsten Augenblick abwarten und sich im rechten Lichte zeigen: Sie sollen sagen: mag er auch komisch sein, auf jeden Fall ist er gescheit ... und ... kurz, hol sie der Teufel!

Ich betrachtete sie der Reihe nach herausfordernd mit glasigen Augen. Sie hatten mich überhaupt vergessen. Bei *ihnen* ging es laut, lärmend und fröhlich zu. Swerkow führte das große Wort. Ich spitzte die Ohren. Swerkow erzählte von irgendeiner üppigen Dame, die er zu guter Letzt so weit gebracht haben wollte, dass sie ihm eine Liebeserklärung machte (natürlich log er wie gedruckt), und wie ihm in dieser Affäre sein intimer Freund, irgendein Fürstchen, der Husarenoffizier Kolja, der dreitausend Leibeigene besitzen sollte, besonders hilfreich gewesen wäre.

»Indessen ist dieser Kolja, der dreitausend Seelen besitzt, eigentümlicherweise nicht hier, um Ihren Abschied zu feiern«, mischte ich mich plötzlich in das Gespräch.

Alle verstummten für einen Augenblick.

»Sie sind ja schon betrunken«, Trudoljubow war endlich bereit, mich zu bemerken, und schielte verächtlich herüber. Swerkow musterte mich schweigend wie ein winziges Insekt. Ich senkte den Blick. Simonow beeilte sich, Champagner einzuschenken.

Trudoljubow erhob das Glas, seinem Beispiel folgten alle außer mir.

»Auf dein Wohl und Glück auf den Weg!«, rief er Swerkow zu, »auf unsere Vergangenheit, meine Herren, auf unsere Zukunft, hurra!«

Alle tranken und schickten sich an, Swerkow zu küssen. Ich rührte mich nicht. Das volle Glas stand unberührt vor mir.

»Wollen Sie etwa nicht trinken?«, brüllte Trudoljubow, der schließlich die Geduld verlor, und wandte sich drohend zu mir.

»Ich möchte meinerseits auch einen Speech halten, einen speziellen … und dann trinken, Herr Trudoljubow.«

»Widerlicher Giftpilz!«, murmelte Simonow.

Ich richtete mich auf meinem Stuhl auf, hob das Glas wie im Fieber und bereitete mich auf etwas Außerordentliches vor, ohne selbst zu wissen, was ich eigentlich sagen wollte.

»Silence«, rief Ferfitschkin. »Jetzt kommt der Verstand!«

Swerkow blieb sehr ernst, denn er begriff, worum es ging.

»Herr Leutnant Swerkow«, begann ich, »Sie müssen wissen, ich hasse Phrasen, Phraseure und betonte Taillen … Das ist Punkt eins. Und hierauf folgt Punkt zwei.«

Man wurde unruhig.

»Punkt zwei: Ich hasse Schlüpfrigkeiten und die Liebhaber von Schlüpfrigkeiten, besonders die Letzteren! Punkt drei: Ich liebe Wahrheit, Aufrichtigkeit und Ehrlichkeit«, fuhr ich fast mechanisch fort, denn ich erstarrte selbst vor Entsetzen, ohne begreifen zu können, wie ich das alles hervorbrachte.

»Ich liebe Ideen, Monsieur Swerkow, ich liebe wahre Kameradschaft, auf gleichem Fuß, ohne … hm … Ich liebe … Aber warum auch nicht? Auch ich werde auf Ihr Wohl trinken, Monsieur Swerkow. Verführen Sie Tscherkessinnen, schießen Sie auf die Feinde des Vaterlandes und … und … auf Ihr Wohl, Monsieur Swerkow!«

Swerkow erhob sich von seinem Stuhl, verbeugte sich und sagte: »Sehr verbunden.«

Er war furchtbar gekränkt und sogar blass geworden.

»Verdammt!«, brüllte Trudoljubow und schlug mit der Faust auf den Tisch.

»Nein, dafür kriegt man doch eine in die Fresse!«, kreischte Ferfitschkin.

»Einfach rausschmeißen!«, murmelte Simonow.

»Kein Wort, meine Herren, keine Bewegung!«, rief Swerkow feierlich, der allgemeinen Empörung Einhalt gebietend. »Ich danke Ihnen allen, aber ich werde selbst imstande sein, ihm zu beweisen, wie sehr ich seine Worte schätze.«

»Herr Ferfitschkin, morgen schon werden Sie mir für Ihre Worte Satisfaktion geben!«, sagte ich laut und wandte mich gravitätisch Ferfitschkin zu.

»Sie meinen ein Duell? Ganz nach Belieben!«, antwortete jener, doch muss ich in dem Augenblick, als ich ihn forderte, wahrscheinlich so komisch gewirkt haben, die große Geste stand mir so wenig, dass alle, und endlich auch Ferfitschkin, in schallendes Gelächter ausbrachen.

»Aber selbstverständlich soll man ihn lassen! Er ist ja total betrunken!«, sagte Trudoljubow angeekelt.

»Nie werde ich mir verzeihen, dass ich ihn eingetragen habe«, murmelte wieder Simonow.

›Jetzt sollte man ihnen allen eine Flasche an den Kopf werfen‹, dachte ich, griff nach der Flasche und … schenkte mir das Glas bis zum Rand voll.

›Nein, lieber werde ich bis zum Schluss ausharren!‹, dachte ich weiter, ›Sie wären hocherfreut, meine Herren, wenn ich jetzt ginge. Um keinen Preis. Ihnen zum Trotz werde ich bis zum Schluss bleiben und bis zum Schluss trinken, zum Zeichen, dass ich Ihnen nicht die geringste Wichtigkeit beimesse. Ich werde sitzen und trinken, denn wir sind in einer Kneipe, und ich habe meine Zeche bezahlt. Ich werde sitzen und trinken, weil ich euch alle für Bauern halte, für nichtexistierende Bauern. Ich werde sitzen und trinken … und singen, wenn es mir einfällt, jawohl, auch singen, denn ich habe das Recht … zu singen …!‹

Aber ich habe nicht gesungen. Ich bemühte mich bloß, keinen von ihnen anzusehen. Ich nahm die unabhängigsten Posen an und wartete ungeduldig darauf, dass sie, *sie zuerst*, mich wieder ansprechen würden. Aber ach, sie taten es nicht. Und wie sehr, wie sehr wünschte ich in diesem Augenblick, mich mit ihnen zu versöhnen. Es schlug acht, schließlich schlug es neun. Man wechselte vom Tisch auf das Sofa. Swerkow streckte sich aus, wobei er einen Fuß auf ein kleines rundes Tischchen legte. Die Weinflaschen wurden mitgenommen. Er spendierte tatsächlich drei Flaschen. Mir wurde selbstverständlich nichts angeboten. Die anderen umringten ihn, sie hörten ihm beinahe andächtig zu. Man sah ihnen an, dass sie ihn liebten. ›Wofür? Wofür?‹, dachte ich bei mir.

Zuweilen gerieten sie in trunkene Begeisterung und küssten einander. Sie sprachen vom Kaukasus, von wahrer Leidenschaft, vom Kartenspiel, über aussichtsreiche Posten, von den Einkünften des Husarenoffiziers Podcharschewskij – den keiner von ihnen persönlich kannte –, und sie freuten sich über seine großen Einkünfte; von der ungewöhnlichen Schönheit und Anmut der Fürstin D., die gleichfalls keiner von ihnen je gesehen hatte; und schließlich kam es so weit, dass Shakespeare für unsterblich erklärt wurde.

Ich lächelte verächtlich vor mich hin und ging in der anderen Hälfte des Zimmers auf und ab, direkt dem Sofa gegenüber, die Wand entlang, vom Tisch bis zum Ofen und zurück. Mit allen Kräften bemühte ich mich zu beweisen, dass ich auch ohne sie auskommen könne; unterdessen aber polterte ich absichtlich mit den Stiefeln, hart mit den Absätzen auftretend. Aber alles war vergeblich. *Sie* schenkten mir nicht die geringste Beachtung. Ich besaß die Ausdauer, so, direkt vor ihnen, von acht bis elf Uhr auf und ab zu gehen, immer denselben Weg, vom Tisch bis zum Ofen und vom Ofen wieder zurück zum Tisch. ›Ganz einfach, ich gehe auf und ab, und niemand kann es mir verbieten.‹ Der Kellner, der uns bediente, blieb einige Male stehen, um mich verwundert zu betrachten: vom häufigen Umkehren wurde mir schwindlig; zuweilen schien es mir, als hätte ich Fieber. In diesen drei Stunden geriet ich dreimal in Schweiß und wurde wieder trocken. Ab und zu durchfuhr mich mit tiefstem, mit giftigem Schmerz der Gedanke, dass ich auch nach zehn Jahren, nach zwanzig Jahren, nach vierzig Jahren, dass ich selbst noch nach vierzig Jahren mit Abscheu und Selbstverachtung mich an diese schmutzigsten, lächerlichsten und fürchterlichsten Augenblicke meines ganzen Lebens erinnern würde. Man hätte sich nicht gewissenloser und bereitwilliger selbst erniedrigen können, ich sah das vollkommen ein, und fuhr dennoch fort, zwischen Tisch und Ofen hin und her zu pendeln.

›Oh, wenn ihr nur wüsstet, welcher Gefühle und welcher Gedanken ich fähig, wie hoch ich entwickelt bin!‹, dachte ich zuweilen und wandte mich in Gedanken an das Sofa, auf dem meine Feinde saßen. Aber meine Feinde taten, als gäbe es mich überhaupt nicht. Einmal, ein einziges Mal blickten sie sich nach mir um, nämlich als Swerkow von Shakespeare anfing, ich aber plötzlich höhnisch auflachte. Ich lachte so gewollt und prustete so gemein, dass sie auf einmal alle verstummten und beinahe zwei Minuten lang schweigend, ernst, ohne zu lachen, zusahen, wie ich die Wand entlangwanderte, zwischen Tisch und Ofen, und wie ich *sie überhaupt nicht beachtete.* Aber es ist zu nichts gekommen: sie sprachen mich nicht an, und zwei Minuten später war ich für sie wieder nicht mehr da. Es schlug elf.

»Meine Herren!«, rief Swerkow, sich vom Sofa erhebend. »Und jetzt alle *dorthin.*«

»Aber klar, aber klar!«, schrien die anderen.

Ich drehte mich hastig um und trat auf Swerkow zu. Ich war dermaßen zerquält, dermaßen zermartert, dass ich, koste es auch mein Leben, auf irgendeine Weise Schluss machen wollte. Ich fieberte; die Haare klebten an Stirn und Schläfen.

»Swerkow! Ich bitte Sie um Verzeihung«, sagte ich schroff und entschlossen. »Ferfitschkin, Sie auch, und alle, alle. Ich habe alle beleidigt!«

»Aha! Das Duellieren scheint nicht so einfach zu sein!«, zischte Ferfitschkin giftig.

Das schnitt mir ins Herz.

»Nein, ich habe keine Angst vor dem Duell, Ferfitschkin! Ich bin bereit, mich gleich morgen mit Ihnen zu duellieren, aber erst nach der Versöhnung. Ich bestehe sogar darauf, und Sie dürfen es mir nicht abschlagen. Ich werde Ihnen beweisen, dass ich das Duell nicht fürchte. Sie haben den ersten Schuss, ich aber werde in die Luft schießen.«

»Er spielt vor sich selbst Theater«, meinte Simonow.

»Einfach übergeschnappt«, bemerkte Trudoljubow.

»So lassen Sie mich doch bitte vorbei, Sie stehen ja im Weg … Was wünschen Sie?«, antwortete Swerkow verächtlich. Sie hatten alle rote Gesichter; ihre Augen glänzten: sie hatten viel getrunken.

»Ich bitte um Ihre Freundschaft, Swerkow. Ich habe Sie beleidigt, aber …«

»Beleidigt? Siiie! Miiich! Merken Sie sich, mein Verehrtester, dass Sie *mich* niemals und unter keinen Umständen beleidigen können!«

»Jetzt aber genug! Fort!«, bekräftigte Trudoljubow.

»Fahren wir.«

»Olympia gehört mir, meine Herren, das ist abgemacht!«, rief Swerkow.

»Einverstanden! Einverstanden!«, antworteten sie lachend.

Ich stand wie angespuckt. Die Bande verließ lärmend das Zimmer, Trudoljubow stimmte irgendein albernes Lied an. Simonow blieb einen Augenblick zurück, um den Kellnern das Trinkgeld zu geben. Plötzlich trat ich auf ihn zu.

»Simonow! Geben Sie mir sechs Rubel!«, sagte ich entschlossen und verzweifelt.

Er sah mich über die Maßen verwundert und irgendwie stumpfsinnig an. Er war ebenfalls betrunken.

»Ja, wollen Sie etwa auch *dorthin* mit uns?«

»Ja!«

»Ich habe kein Geld«, versetzte er kurz, lächelte verächtlich und wollte schon das Zimmer verlassen. Ich hielt ihn am Rock fest. Es war ein Alpdruck.

»Simonow! Ich habe bei Ihnen Geld gesehen, warum schlagen Sie es mir ab? Bin ich denn ein Schuft? Hüten Sie sich, es mir abzuschlagen. Wenn Sie wüssten, wenn Sie nur wüssten, weshalb ich darum bitte! Alles hängt davon ab, meine ganze Zukunft, alle meine Pläne ...«

Simonow holte das Geld heraus und warf es mir beinahe ins Gesicht.

»Nehmen Sie, wenn Sie schon so unverschämt sind!«, sagte er mitleidlos und eilte den anderen nach.

Für einen Augenblick blieb ich allein zurück. Unordnung, Speisereste, ein zerschlagenes Glas auf dem Fußboden, verschütteter Wein, Zigarettenstummel, Rausch und Fieber im Kopf, quälender Schmerz in der Seele; und dann der Kellner, der alles gesehen, alles gehört hatte und mir neugierig in die Augen blickte.

»*Dorthin!*«, rief ich aus. »Entweder sie werden alle auf Knien liegen, mir zu Füßen, und um meine Freundschaft betteln oder … oder ich gebe Swerkow eine Ohrfeige!«

V

›So sieht er aus, so sieht er aus, dieser Zusammenstoß mit der Wirklichkeit!‹, murmelte ich, während ich Hals über Kopf die Treppe hinunterlief. ›Das ist nicht mehr der Papst, der Rom aufgibt und nach Brasilien auswandert, das ist nicht mehr der Ball am Comer See!‹

›Du bist ein Schuft‹, fuhr es mir durch den Kopf, ›wenn du jetzt darüber spottest.‹

›Und wenn!‹, gab ich mir selbst zur Antwort. ›Jetzt ist sowieso alles verloren.‹

Von ihnen war nichts mehr zu sehen; aber das machte nichts; ich wusste, wohin sie fuhren.

Vor dem Eingang stand ein einsamer Schlitten, ein Nachtkutscher im groben Bauernmantel, ganz eingeschneit von den noch immer dicht fallenden nassen und gleichsam warmen Flocken. Die Luft war dunstig und drückend. Sein kleiner zottiger Schecke war auch eingeschneit und hustete. Daran erinnere ich mich genau. Ich stürzte auf den Schlitten zu; aber kaum hatte ich den Fuß gehoben, um einzusteigen, als mich plötzlich die Erinnerung, wie Simonow mir eben die sechs Rubel gegeben hatte, umwarf und ich wie ein Sack in den Schlitten fiel.

»Nein, ich muss viel tun, um das alles wieder gutzumachen!«, rief ich aus. »Aber ich werde es gutmachen oder diese Nacht nicht überleben. Fahr zu!«

Wir fuhren los. Ein Wirbelsturm raste in meinem Kopf. ›Sie werden niemals auf Knien um meine Freundschaft betteln. Das ist ja eine Fata Morgana, eine triviale Fata Morgana, widerwärtig, romantisch und phantastisch; das ist wieder der Ball am Comer See. Darum *muss* ich Swerkow eine Ohrfeige geben. Ich bin dazu verpflichtet. Also das steht fest: jetzt eile ich hin, um ihm eine Ohrfeige zu geben. Fahr zu!‹

Der Kutscher machte sich an den Zügeln zu schaffen.

›Sowie ich drin bin, gebe ich sie ihm. Soll man vor einer Ohrfeige einige Worte sagen, gewissermaßen als Vorwort? Nein! Ich werde einfach reinkommen und sie geben. Sie werden alle im Salon sitzen, er mit Olympia auf dem Sofa. Verwünschte Olympia! Sie hat sich einmal über mein Gesicht lustig gemacht und mich verschmäht. Ich werde Olympia an den Haaren packen und Swerkow an den Ohren! Nein, besser an einem Ohr, und so an diesem Ohr werde ich ihn dann durch das ganze Zimmer hinter mir herziehen. Sie werden sich vielleicht alle auf mich stürzen, mich prügeln und hinauswerfen. Bestimmt sogar. Sollen sie nur. Immerhin habe ich ihm die Ohrfeige zuerst gegeben, also ist die Initiative bei mir; und nach dem Ehrenkodex bedeutet das: er ist gebrandmarkt und kann sich mit keiner Prügelei von der Ohrfeige reinwaschen, nur durch ein Duell. Er wird sich duellieren müssen, und mögen sie mich jetzt nur prügeln. Sollen sie nur, diese Undankbaren! Am heftigsten wird Trudoljubow prügeln: er ist so stark; Ferfitschkin wird von der Seite angreifen und unbedingt an den Haaren ziehen, bestimmt sogar. Sollen sie nur, immer zu! Ich nehme es auf mich. Endlich werden diese Schafsköpfe gezwungen, das Tragische darin zu begreifen! Und wenn sie mich zur Tür schleppen, so werde ich ihnen zurufen, dass sie im Grunde nicht einmal meinen kleinen Finger wert sind.‹ »Fahr zu, fahr zu!«, schrie ich meinen Kutscher an. Er fuhr zusammen und holte mit der Peitsche aus. Ich hatte gar zu wild geschrien.

›Wir schlagen uns beim Morgengrauen, das steht fest. Mit der Kanzlei ist es aus. Wo soll man die Pistolen hernehmen? Unsinn! Ich lasse mir einen Vorschuss geben und werde welche kaufen. Aber das Pulver, aber die Kugeln? Das ist Sache der Sekundanten. Wie soll das alles vor Morgengrauen fertig sein? Woher soll ich einen Sekundanten nehmen? Ich kenne ja keinen Menschen. Unsinn!‹, rief ich, immer erregter. ›Unsinn! Der erste Beste, den ich auf der Straße treffe und den ich darum angehe, ist verpflichtet, mein Sekundant zu werden, genauso wie er verpflichtet wäre, einen Ertrinkenden aus dem Wasser zu ziehen. Die allerexzentrischsten Fälle können dabei eintreten! Sogar wenn ich morgen den Direktor höchstpersönlich bitten würde, mein Sekundant zu sein, so müsste er sich dazu bereit erklären, schon allein aus Ritterlichkeit, und mein Geheimnis wahren! Anton Antonytsch …‹

Es war an dem, dass ich im selben Augenblick deutlicher und klarer als irgendjemand anderer auf der ganzen Welt die widerliche Unsinnigkeit meiner Absichten und auch die Kehrseite der Medaille überschaute, aber …

»Fahr zu, Kutscher, fahr zu, du Gauner, fahr zu!«

»Ach, Herr!«, sagte der Bauernmantel.

Kälte durchschauerte mich plötzlich.

›Aber wäre es nicht besser … wäre es nicht besser … sofort, geradewegs nach Hause? Oh, mein Gott! warum, warum drängte ich mich gestern zu diesem Essen! Nein, nein, unmöglich! Und der dreistündige Spaziergang zwischen Tisch und Ofen? Nein, sie, sie müssen für diesen Spaziergang büßen, und niemand anders! Sie müssen diese Schmach tilgen!‹

»Fahr zu!«

›Und wenn man mich auf die Polizeiwache bringt! Das werden sie nicht wagen! Sie werden vor einem Skandal zurückschrecken. Wenn aber Swerkow aus Verachtung das Duell verweigert? Das ist beinahe sicher; aber dann werde ich ihnen beweisen, dass ... dann werde ich morgen, wenn er abreisen will, auf den Posthof gehen, ihn am Bein packen, ihm den Mantel herunterreißen, wenn er in die Postkutsche steigen will. Ich werde mich mit Zähnen an seiner Hand festbeißen, ja, ich werde beißen. Alle sollen sehen, wie weit man einen verzweifelten Menschen bringen kann! Mag er mich auf den Kopf schlagen, und mögen alle anderen von hinten auf mich losprügeln. Ich werde dem ganzen Publikum zurufen: ‚Seht diesen jungen Hund, der auszieht, Tscherkessinnen zu verführen, mit meiner Spucke im Gesicht!'

Selbstverständlich ist dann alles aus! Das Departement ist vom Angesicht der Welt verschwunden. Ich werde verhaftet, verurteilt, aus dem Dienst gejagt, ich komme ins Zuchthaus, nach Sibirien, zu den Ansiedlern. Was kümmert's mich! Nach fünfzehn Jahren mache ich mich zu ihm auf den Weg, in Lumpen, als Bettler, sobald man mich aus dem Zuchthaus entlassen hat. Ich werde ihn irgendwo in einer Gouvernementsstadt finden. Er ist dann verheiratet und glücklich. Er hat eine erwachsene Tochter ... Ich werde sagen: ‚Sieh, du Unmensch, sieh meine eingefallenen Wangen, und sieh meine Lumpen! Ich habe alles verloren: Karriere, Glück, Kunst, Wissenschaft, *die Geliebte*, und das alles durch dich. Hier sind meine Pistolen! Ich bin gekommen, um meine Pistole abzufeuern und … und ich vergebe dir.' Nach diesen Worten werde ich einfach in die Luft schießen und spurlos verschwinden …‹

Mir kamen sogar Tränen, obwohl ich ganz genau wusste, im selben Augenblick, dass das alles aus »Silvio« und »Maskenball« von Lermontow war. Und plötzlich schämte ich mich furchtbar, ich schämte mich dermaßen, dass ich das Pferd anhalten ließ, aus dem Schlitten stieg und mitten auf der Straße im Schnee stehen blieb. Der Kutscher sah mich verwundert an und seufzte.

Was sollte ich tun? Ich konnte unmöglich dorthin – das war Unsinn – aber ebenso wenig die Sache auf sich beruhen lassen, denn dann würde … »Herrgott! Wie könnte man so etwas auf sich beruhen lassen? Nach solchen Beleidigungen! Nein!«, rief ich aus und warf mich wieder in den Schlitten, »das ist vorbestimmt, das ist das Schicksal! Fahr zu, fahr zu, dorthin!«

Und vor Ungeduld hieb ich dem Kutscher mit der Faust ins Genick.

»Was hast du vor, warum schlägst du mich?«, schrie das Bäuerlein erschrocken, peitschte jedoch auf seine Mähre los, so dass sie mit den Hinterbeinen ausschlug.

Der nasse Schnee fiel in dichten großen Flocken; ich machte den Mantel auf, ich kümmerte mich nicht um den Schnee. Ich vergaß alles, weil ich mich endgültig zu der Ohrfeige entschlossen hatte und mit Grauen fühlte, dass es nun *unbedingt, sofort* geschehen würde, *dass es sich durch keine Macht mehr aufhalten ließ.* Einsame Laternen zogen düster in der schneeerfüllten Dunkelheit vorüber, wie Begräbnisfackeln. Der Schnee drang unter meinen Mantel, unter den Rock, unter das Halstuch und schmolz dort; ich machte meinen Mantel nicht zu: es war ja ohnedies alles verloren! Endlich kamen wir an. Fast besinnungslos sprang ich aus dem Schlitten, lief die Stufen hinauf und klopfte mit Händen und Füßen an die Tür. Ich wurde entsetzlich schwach, besonders in den Beinen, in den Knien. Es wurde auffallend schnell geöffnet, als hätte man mich erwartet. (Simonow hatte in der Tat angekündigt, dass vielleicht noch jemand kommen würde, denn hier musste man sich anmelden und überhaupt Vorsicht beobachten. Es war einer der damaligen ›Modesalons‹, die jetzt längst von der Polizei geschlossen worden sind. Tagsüber war hier wirklich ein Modegeschäft; abends jedoch wurden Herren empfangen, auf besondere Empfehlung.) Mit raschen Schritten ging ich durch den unbeleuchteten Laden in den mir wohlbekannten Saal, wo nur eine einzige Kerze brannte, und blieb überrascht stehen: es war niemand da.

»Wo sind sie denn?«, fragte ich irgendjemand.

Selbstverständlich waren sie bereits auf ihre Zimmer gegangen …

Vor mir stand eine töricht lächelnde Person, es war die Wirtin selbst, die mich bereits kannte. Einen Augenblick später ging eine Tür, und eine andere Person trat ein.

Ohne irgendetwas zu beachten, lief ich im Zimmer auf und ab und redete, glaube ich, laut mit mir selber. Es war mir, als sei ich vom Tode errettet, ich fühlte es freudig mit meiner ganzen Seele: denn ich hätte ihn geohrfeigt, ich hätte ihn unbedingt geohrfeigt! Doch jetzt waren sie fort und ... alles war verflogen, alles hatte sich verändert! ... Ich blickte immer wieder umher. Ich konnte noch nicht recht begreifen. Mechanisch sah ich das eintretende Mädchen an: ein frisches junges, etwas blasses Gesicht tauchte vor mir auf, mit geraden dunklen Augenbrauen, mit ernstem und fast ein wenig verwundertem Blick. Das gefiel mir sofort; ich hätte sie gehasst, wenn sie gelächelt hätte. Ich begann, sie aufmerksamer, mich gleichsam anstrengend, zu betrachten: ich hatte meine Gedanken noch immer nicht beisammen. Etwas Treuherziges und Gutes lag in diesem Gesicht, doch war es geradezu seltsam ernst. Ich bin überzeugt, dass das hier als Mangel galt und dass sie keinem von diesen Tölpeln gefallen hätte. Übrigens war sie nicht gerade eine Schönheit, wenn sie auch groß, kräftig und gut gebaut war. Sie war äußerst schlicht gekleidet. Etwas Hässliches stach mich; ich trat direkt auf sie zu.

Zufällig sah ich mich in einem Spiegel. Mein erregtes Gesicht erschien mir ganz besonders ekelhaft: bleich, böse, gemein, mit wirrem Haar. ›Das macht nichts, umso besser‹, dachte ich; ›es freut mich gerade, dass ich ihr ekelhaft erscheinen muss; das ist mir angenehm ...‹

VI

... Irgendwo hinter der Zwischenwand begann plötzlich wie gewürgt, wie in Atemnot, eine Uhr heiser zu ächzen. Dem widernatürlich langen Ächzen folgte ein dünner, abscheulicher und irgendwie überraschend hastiger Schlag – ganz als dränge sich jemand vor. Es schlug zwei. Ich kam zu mir, wenn ich auch vorher nicht geschlafen, sondern nur vor mich hingedämmert hatte.

In diesem Zimmer, schmal, eng und niedrig, von einem riesigen Kleiderschrank ausgefüllt und mit Schachteln, Lumpen und alten Kleidern vollgestopft, war es fast ganz dunkel. Der Kerzenstumpf, der auf einem Tisch am anderen Ende des Zimmers brannte, drohte schon auszulöschen und flackerte nur ab und zu auf. Nach wenigen Minuten musste vollkommenes Dunkel herrschen.

Es dauerte nicht lange, bis ich ganz zu mir kam; mit einem Mal, ohne mein Zutun, fiel mir sofort alles ein, als ob es nur gelauert hätte, um mich plötzlich wieder zu überfallen. Ja, selbst im Dahindämmern war in meinem Gedächtnis irgendein Punkt geblieben, der sich durchaus nicht vergessen ließ, um den meine Träume sich lastend bewegten. Aber sonderbar: alles, was mit mir an diesem Tage geschehen war, schien mir jetzt beim Erwachen lange, lange vergangen zu sein, als ob ich das alles schon längst, längst überstanden hätte.

Mein Kopf war benommen. Irgendetwas schwebte über mir und beunruhigte mich, erregte und verstimmte. Sehnsucht und Galle wallten wieder auf und suchten einen Ausweg. Plötzlich, dicht neben mir, sah ich zwei offene Augen, die mich neugierig und beharrlich betrachteten. Der Blick war kalt und teilnahmslos, düster und so völlig fremd – es wurde einem schwer ums Herz.

Ein finsterer Gedanke entstand in meinem Kopf und durchzuckte den ganzen Körper als scheußliches Gefühl, wie etwa jenes, das einen überkommt, wenn man in einen Keller steigt, der feucht und dumpf ist. Es war irgendwie unnatürlich, dass es diesen zwei Augen jetzt erst einfiel, mich zu betrachten. Es kam mir in den Sinn, dass ich in den ganzen zwei Stunden mit diesem Wesen kein einziges Wort gewechselt und das auch gar nicht für nötig gehalten hatte; aus irgendeinem Grund hatte mir das Schweigen vorhin sogar gefallen. Jetzt jedoch erkannte ich deutlich die Idee des Lasters, widersinnig, scheußlich wie eine Spinne, das ohne Liebe, roh und schamlos damit beginnt, womit wahre Liebe sich krönt.

Lange sahen wir uns an, aber sie senkte ihre Augen nicht und veränderte auch nicht ihren Blick, so dass es mir schließlich aus irgendeinem Grunde unheimlich wurde.

»Wie heißt du?«, fragte ich kurz, um dem schneller ein Ende zu machen.

»Lisa«, antwortete sie fast flüsternd, aber seltsam unfreundlich, und wandte die Augen ab.

Ich schwieg eine Weile.

»Das Wetter heute … Schnee … scheußlich!«, sagte ich wie vor mich hin, schob gelangweilt die Hand unter den Kopf und blickte zur Decke hinauf.

Sie antwortete nicht. Hässlich war das alles.

»Bist du von hier?«, fragte ich nach einer Minute beinahe ärgerlich und wandte mich ein wenig ihr zu.

»Nein.«

»Woher?«

»Aus Riga«, sagte sie unwillig.

»Deutsche?«

»Russin.«

»Bist du schon lange hier?«

»Wo?«

»Hier im Haus?«

»Zwei Wochen.«

Sie antwortete immer schroffer und schroffer. Die Kerze war erloschen; ich konnte ihr Gesicht nicht mehr erkennen.

»Hast du Vater und Mutter?«

»Ja ... nein ... doch.«

»Wo sind sie?«

»Dort ... in Riga.«

»Was sind sie?«

»So ...«

»Was heißt: so? Was sind sie, von welchem Stande?«

»Kleinbürger.«

»Hast du immer bei ihnen gelebt?«

»Ja.«

»Wie alt bist du?«

»Zwanzig.«

»Warum bist du denn von ihnen weggegangen?«

»So ...«

Dieses *so* bedeutete: lass mich, du bist mir zuwider. Wir verstummten.

Gott weiß, warum ich blieb. Es wurde mir immer schwerer und elender zumute. Die Bilder des vergangenen Tages begannen irgendwie von selbst, ohne mein Zutun, wirr durch mein Gedächtnis zu ziehen. Plötzlich fiel mir die Szene ein, die ich am Morgen, als ich in Gedanken versunken zur Kanzlei trabte, auf der Straße beobachtet hatte.

»Heute wurde ein Sarg hinausgetragen, und beinahe haben sie ihn fallen lassen«, sagte ich plötzlich, ohne jede Absicht, ein Gespräch zu beginnen, sondern nur so, beinahe unwillkürlich.

»Den Sarg?«

»Ja, auf der Sennaja; aus einem Keller.«

»Aus einem Keller?«

»Nicht aus dem Keller, sondern aus der Kellerwohnung: du weißt schon … dort unten … aus dem liederlichen Haus … Dreckig war es überall … Eierschalen, Kehricht … Gestank … Widerlich.«

Schweigen.

»Heute ist schlecht beerdigen!«, begann ich von neuem, nur um nicht schweigen zu müssen.

»Wieso schlecht?«

»Schnee, Nässe …« (ich gähnte).

»Das ist doch egal«, sagte sie plötzlich, nach längerem Schweigen.

»Nein, scheußlich …« (ich gähnte noch einmal). »Die Totengräber haben sicher geflucht, weil sie im Schnee nass wurden. Und im Grab stand sicher das Wasser.«

»Woher kommt das Wasser im Grab?«, fragte sie mit einer gewissen Neugierde, aber noch gröber und unfreundlicher als vorhin. Plötzlich war mir, als stachelte mich jemand auf.

»Wieso denn, da steht eben Wasser drin, sechs Werschki. Hier auf dem Wolkowo-Friedhof kannst du kein einziges trockenes Grab finden.«

»Warum?«

»Was heißt warum? Sumpf. Hier ist überall Sumpf. So wird man einfach ins Wasser gelegt. Ich habe es selbst gesehen … mehrere Male …«

(Kein einziges Mal hatte ich es gesehen und war überhaupt noch nie auf dem Wolkowo-Friedhof gewesen. Ich hatte nur andere davon sprechen hören.)

»Ist es dir denn wirklich ganz egal, dass du stirbst?«

»Warum soll ich denn sterben?«, fragte sie, wie wenn sie sich verteidigen wollte.

»Einmal wirst auch du sterben, und zwar wirst du genauso sterben wie die Frau von heute Morgen. Das war ... auch so ein Mädchen ... Sie hatte Schwindsucht.«

»Eine Dirne wäre doch im Krankenhaus gestorben ...« (Sie weiß also schon, wie das ist, dachte ich, und sie sagte auch: Dirne.)

»Sie war bei der Wirtin verschuldet«, entgegnete ich, immer mehr zum Widerspruch aufgestachelt, »und musste fast bis zum Tode bei ihr bleiben, obwohl sie schwindsüchtig war. Die Droschkenkutscher unterhielten sich mit den Soldaten, die dabeistanden, und sprachen davon. Wahrscheinlich ihre einstigen Kunden. Sie lachten. Und nahmen sich vor, in der Schenke ihrer zu gedenken.« (Auch hier habe ich manches hinzugedichtet.)

Schweigen, tiefes Schweigen. Sie rührte sich nicht.

»Ist denn das Sterben im Krankenhaus etwa leichter?«

»Ist das denn nicht gleich? ... Und warum soll ich denn sterben?«, fügte sie gereizt hinzu.

»Wenn nicht jetzt, dann später?«

»Nun, und später ...«

»Von wegen! Jetzt bist du jung, hübsch, frisch – dafür schätzt man dich auch. Nach einem Jahr solchen Lebens aber bist du nicht mehr die Gleiche, dann bist du verwelkt.«

»Nach einem Jahr?«

»Jedenfalls bist du in einem Jahr weniger wert«, fuhr ich mit Schadenfreude fort. »Und dann wirst du aus diesem Haus in ein anderes, schlechteres kommen. Nach einem zweiten Jahr – in ein drittes Haus, immer schlechter und schlechter, und etwa nach sieben Jahren wirst du im Keller auf der Sennaja angelangt sein. Das ginge noch. Schlimm wäre es, wenn du außerdem krank würdest, nun, sagen wir, schwach auf der Brust … oder du erkältest dich, oder sonst irgendwas. Bei so einem Leben wird man die Krankheit nicht so leicht los. Hat man sie sich einmal zugezogen, wird man sie nicht mehr los. Nun, und dann wirst du eben sterben.«

»Dann werde ich eben sterben!«, antwortete sie, nun ganz böse, und machte eine heftige Bewegung.

»Es ist aber doch schade.«

»Um was?«

»Um das Leben.«

Schweigen.

»Hast du einen Bräutigam gehabt? Ja?«

»Was geht das Sie an?«

»Ich will dich ja nicht ausfragen. Mir kann es ja egal sein. Warum ärgerst du dich? Natürlich kannst du deinen eigenen Kummer haben. Was es mich angeht? Nur so, es tut mir einfach leid.«

»Was?«

»Du tust mir leid.«

»Kein Grund …«, flüsterte sie kaum hörbar und bewegte sich wieder. Das ärgerte mich sofort. Wie! Ich war so sanft zu ihr, sie aber …

»Aber was denkst du denn eigentlich? Bist du etwa auf einem guten Wege?«

»Nichts denke ich.«

»Das ist ja das Schlimme, dass du nichts denkst. Besinne dich, solange es nicht zu spät ist. Jetzt geht es noch. Du bist noch jung, du bist hübsch; du könntest dich verlieben, heiraten, glücklich sein …«

»Nicht alle Verheirateten sind glücklich«, unterbrach sie in ihrer immer noch groben Art.

»Natürlich nicht alle, und dennoch ist es besser als das hier. Unvergleichlich besser. Mit Liebe kann man ohne Glück auskommen. Auch im Leid ist dann das Leben schön. Überhaupt ist es dann schön, auf der Welt zu leben, wie das Leben auch sein mag. Und hier, was ist hier außer ... Gestank. Pfui!«

Ich wandte mich angeekelt ab; ich räsonierte nicht mehr mit kühler Überlegenheit. Ich fühlte bereits selbst, was ich gerade sagte, und geriet in Feuer. Ich dürstete danach, meine heiligsten *Ideechen*, die ich in meinem Winkel ausgebrütet hatte, jetzt darzubieten. Irgendetwas flammte in mir auf, ein Ziel ›schwebte mir vor‹.

»Du denkst wohl, dass ich ja auch hier bin, aber an mir darfst du dir kein Beispiel nehmen. Vielleicht bin ich noch schlechter als du. Übrigens war ich betrunken, als ich hierherkam«, hatte ich es eilig, mich zu rechtfertigen. »Zudem kann ein Mann einem Weibe niemals Beispiel sein. Das ist zweierlei; wenn ich mich auch ruiniere und mich besudele, so bin ich doch niemandes Sklave, ich komme und gehe wieder, und fort bin ich. Ich schüttle alles ab und bin wieder der Alte. Du aber, du bist gleich von Anfang an eine Sklavin, ja, eine Sklavin! Du lieferst dich ganz aus, mit deinem ganzen Willen. Willst du später diese Ketten zerreißen, so wird es nicht mehr gehen: immer tiefer und tiefer wirst du dich verstricken. Das ist schon eine verfluchte Kette. Ich kenne sie. Alles Übrige will ich erst gar nicht erwähnen, du würdest es auch nicht verstehen. Aber sag mir nur noch eins: du bist doch sicher schon bei deiner Wirtin verschuldet? Aha, siehst du!«, fügte ich hinzu, obwohl sie nicht geantwortet hatte, sondern nur schweigend mit ihrem ganzen Wesen zuhörte, »da hast du die Kette! Du wirst dich nie mehr loskaufen können, dafür wird man schon sorgen. Wie der Teufel für die arme Seele …

… Außerdem bin ich … vielleicht, genauso unglücklich, woher willst du das wissen, und will absichtlich im Schmutz versinken, weil es mir genauso schlecht geht. Andere trinken aus Kummer: nun, und ich komme hierher – aus Kummer. Sag doch selbst, was ist daran gut: wir beide sind … vorhin zusammengekommen und haben doch kein Wort miteinander gesprochen, und erst hinterher hast du angefangen, mich wie eine Wilde anzustarren; und ich dich ebenso. Liebt man denn etwa so? Soll denn der Mensch mit dem Menschen auf diese Weise zusammenkommen? Das ist doch eine einzige Widerwärtigkeit und weiter nichts!«

»Ja!«, bestätigte sie hastig und schroff. Mich wunderte sogar die Hastigkeit dieses *Ja*. Also ist ihr vielleicht derselbe Gedanke durch den Kopf gegangen, als sie mich vorhin betrachtete! Also ist sie auch schon zu gewissen Gedanken fähig? … Hol's der Teufel, das ist interessant, das ist ja – *die gleiche Art*, dachte ich und rieb mir beinahe schon die Hände. – Und wie sollte man mit solch einer jungen Seele auch nicht fertig werden! …

Am meisten lockte mich das Spiel.

Sie rückte näher und stützte, so kam es mir in der Dunkelheit vor, den Kopf auf ihre Hand. Vielleicht betrachtete sie mich wieder. Wie bedauerte ich, dass ich ihre Augen nicht erkennen konnte. Ich hörte sie tief atmen.

»Warum bist du hierhergekommen?«, begann ich bereits mit einer gewissen Macht.

»So …«

»Aber wie gut könnte man es im Elternhaus haben! Warm, frei; ein eigenes Nest.«

»Wenn es aber schlimmer ist als hier?«

›Man muss den richtigen Ton treffen‹, zuckte es mir durch den Kopf, ›mit Sentimentalität wird man wahrscheinlich wenig erreichen.‹

Allerdings huschte das nur flüchtig vorüber. Ich schwöre, sie interessierte mich wirklich. Dazu kam, dass ich irgendwie abgespannt und eigentümlich empfindsam war. Das Schwindeln aber verträgt sich ja so gut mit dem Gefühl.

»Wer will darüber etwas sagen!«, beeilte ich mich ihr beizupflichten, »alles kommt vor. Ich für mein Teil bin überzeugt, dass irgendjemand dich beleidigt hat, dass man eher vor dir schuldig ist als du vor *ihnen*. Ich weiß zwar nichts von dir, eins aber weiß ich, dass ein solches Mädchen wie du sicher nicht aus eigenem Willen hierherkommt …«

»Was für ein Mädchen bin ich denn?«, flüsterte sie kaum hörbar, aber ich hörte es doch.

›Hol's der Teufel, ich schmeichle ja. Das ist schändlich. Vielleicht ist es auch gut …‹ Sie schwieg.

»Siehst du, Lisa, ich spreche von mir! Wäre ich als Kind in einer Familie aufgewachsen, so würde ich anders sein, als ich jetzt bin. Ich denke oft darüber nach. Denn wie schlecht es in einer Familie auch sein mag – es sind doch immerhin Vater und Mutter und keine Feinde, keine Fremden. Und sollten sie nur einmal im Jahr ihre Liebe beweisen, so weißt du immerhin, dass du zu Hause bist. Ich aber bin ohne Familie aufgewachsen; deshalb bin ich wahrscheinlich auch so geworden … gefühllos.«

Ich wartete wieder eine Weile.

›Wahrscheinlich versteht sie das überhaupt nicht‹, dachte ich. ›Es ist ja auch lächerlich: Moral.‹

»Wenn ich Vater wäre und eine Tochter hätte, so würde ich, glaube ich, meine Tochter mehr als meine Söhne lieben, wirklich«, begann ich beiläufig, als wollte ich sie zerstreuen. Ich muss gestehen, ich errötete.

»Warum denn das?«, fragte sie.

›Aha, sie hört also doch zu!‹

»Einfach so, ich weiß nicht warum. Siehst du, ich kannte einen Vater, einen strengen und harten Mann, vor seiner Tochter aber lag er auf den Knien, küsste ihre Hände und Füße und konnte sich nicht an ihr satt sehen. Wirklich. Wenn sie auf einem Ball tanzte, blieb er fünf Stunden auf einem Fleck stehen und ließ kein Auge von ihr. Ganz närrisch ist er gewesen: ich kann das verstehen! Nachts, wenn sie schlief, wachte er bei ihr, küsste sie im Schlaf und bekreuzte sie fortwährend. Selbst ging er in einem schäbigen Rock, war geizig, für sie aber war ihm nichts zu teuer, er beschenkte sie fürstlich und hatte keine größere Freude, als wenn das Geschenk ihr gefiel. Der Vater liebt die Töchter immer mehr als die Mutter, viele Töchter haben es gut im Elternhause! Und ich würde meine Tochter wahrscheinlich überhaupt nicht heiraten lassen.«

»Wieso nicht?«, fragte sie mit dem Anflug eines Lächelns.

»Aus Eifersucht, bei Gott. Sie soll einen Fremden küssen? Einen Fremden mehr als den Vater lieben? Man kann sich das kaum vorstellen. Natürlich ist das alles Unsinn; natürlich wird jeder schließlich zur Vernunft kommen. Allerdings hätte ich mich vor ihrer Heirat schon zu Tode gesorgt: ich hätte jeden Bräutigam schlechtgemacht; zu guter Letzt aber sie dem gegeben, den sie liebt! Derjenige, den die Tochter liebgewinnt, scheint dem Vater immer der Schlimmste zu sein. Das ist nun einmal so. Deswegen kommt es in manchen Familien zu großem Unglück.«

»Manchen aber ist es lieber, ihre Tochter zu verkaufen, statt sie in Ehren aus dem Haus zu geben«, sagte sie plötzlich.

›Aha! das ist es also!‹

»Das, Lisa, kommt in jenen verruchten Familien vor, die weder Gott noch Liebe kennen«, griff ich mit Feuer ihre Worte auf, »wo es aber keine Liebe gibt, gibt es auch keine Vernunft. Solche Familien gibt es, das stimmt, aber nicht von ihnen spreche ich. Du musst wohl in deiner Familie wenig Gutes gesehen haben, wenn du so sprichst. Ganz bestimmt bist du unglücklich. Hm …! Meistens ist die Armut daran schuld.«

»Geht es denn bei den Herrschaften etwa besser zu? Auch in Armut leben ehrliche Menschen, wie es sich gehört.«

»Hm … ja. Vielleicht. Eins kommt noch dazu, Lisa: Der Mensch liebt es, nur sein Unglück zu beachten, sein Glück aber zu übersehen. Würde er aber richtig sehen, so würde er erkennen, dass ihm beides beschert ist. Wie schön ist es doch, wenn die Familie wohlgeraten ist, wenn Gottes Segen auf ihr ruht, wenn du einen guten Mann hast, der dich liebt, dich schont, keinen Schritt von dir weicht! In einer solchen Familie ist gut leben! Selbst das Unglück lässt sich dann ertragen; wo gibt es denn kein Unglück? Solltest du einmal heiraten – *dann wirst du es selbst erfahren.* Schon die erste Zeit nach der Hochzeit mit einem Menschen, den du liebst: wie viel Glück, wie viel Glück kommt da über einen! Nichts als Glück. In der ersten Zeit endet sogar jeder Streit zwischen Mann und Frau glücklich. Je mehr eine Frau ihren

Mann liebt, umso häufiger fängt sie einen Streit mit ihm an. Wahrhaftig, ich selber habe so eine gekannt: ich liebe dich so sehr, sagte sie, und so quäle ich dich denn aus lauter Liebe, du sollst das fühlen. Weißt du denn auch, dass man aus Liebe einen Menschen absichtlich quälen kann? Meistens tut es die Frau. Bei sich aber denkt sie dann: dafür werde ich dich nachher so liebhaben, werde dich so liebkosen, dass es keine Sünde ist, dich jetzt ein Weilchen zu quälen. Und das ganze Haus freut sich an euch. Gut ist es, fröhlich, friedlich und ehrbar … Andere aber sind eifersüchtig. Geht der Mann einmal aus – ich kannte so eine –, schon erträgt sie es nicht und läuft sogar mitten in der Nacht aus dem Haus, um ihm heimlich nachzuspüren: wo ist er, in jenem Hause vielleicht, bei dieser oder jener? Das ist natürlich schlimm. Sie weiß ja selbst, dass es schlimm ist, ihr Herz stockt und verabscheut sich selbst, aber sie liebt; und alles geschieht aus lauter Liebe. Und wie gut das tut, sich nach einem Streit zu versöhnen, um Verzeihung zu bitten oder selbst zu vergeben! Und so wohl wird es beiden, so wohl wird ihnen zumute – ganz als ob sie sich von neuem gefunden, von neuem geheiratet hätten und von neuem liebten. Und niemand, niemand darf wissen, was zwischen Mann und Frau geschieht, wenn sie einander lieben. Und was für ein Streit auch zwischen ihnen ausbrechen mag – selbst die leibliche Mutter, selbst sie, dürfen sie nicht als Richter anrufen, noch darf der eine über den anderen etwas erzählen. Sie sind ihr eigener Richter. Die Liebe ist ein göttliches Geheimnis und muss vor dem fremden Auge verborgen bleiben, was auch immer geschehen mag. Reiner wird sie dadurch, schöner, man achtet sich dann gegenseitig mehr, auf der Achtung aber beruht vieles. Und wenn sie einander liebten, wenn sie aus Liebe geheiratet haben, wie soll dann die Liebe vergehen? Kann man sie denn wirklich nicht erhalten? Nur selten kommt es vor, dass man sie nicht erhalten kann. Wenn aber der Gatte ein guter und ehrlicher Mensch ist, warum soll dann die Liebe vergehen? Die erste eheliche Liebe geht vorüber, das ist wahr, dann aber kommt eine noch schönere Liebe. Dann verschmelzen die Seelen, alles wird gemeinsam beschlossen, kein Geheimnis hat man voreinander. Und kommen erst die Kinder, so scheint jede, selbst die schwerste Zeit, voller Glück; man braucht nur zu lieben und tapfer zu sein. Dann ist auch die Arbeit eine Freude, dann versagt man sich manchen Bissen Brot der Kinder wegen, und auch das tut man gern. Werden sie doch später dafür dich lieben; folglich sparst du für dich selbst. Die Kinder wachsen heran, du fühlst, dass du ihnen ein Beispiel, eine Stütze bist; selbst nach deinem Tode werden sie ihr Leben lang deine Gefühle, deine Gedanken in sich tragen, die sie von dir erhalten haben, sie werden von deiner Art, dein Ebenbild sein. Folglich ist das eine hohe Pflicht. Wie sollten sich Vater und Mutter dabei nicht noch näherkommen? Man sagt, Kinder haben sei schwer? Wie kann man das nur sagen! Das ist doch Himmelsglück! Liebst du kleine Kinder, Lisa? Ich liebe sie schrecklich. Weißt du, so ein rosiges Knäblein an deiner Brust, welch eines Mannes Herz könnte sich von seiner Frau abwenden, wenn er sieht, wie sie sein Kind nährt! Das Kindchen rosig, rundlich, es reckt und streckt sich; die Beinchen, die Händchen sind voller Grübchen, die Nägelchen sauber, winzig, so winzig, dass es zum Lachen ist; die Augen aber schon ganz verständig. Und wenn es trinkt, so liebkost es mit seinem Händchen deine Brust und spielt. Tritt der Vater heran, reißt es sich los von der Brust, biegt sich zurück, guckt ihn an, lacht, ganz als ob es Gott weiß wie lustig wäre – und wieder, wieder geht es ans Trinken. Mitunter beißt es in die Brust, wenn die Zähnchen kommen, schielt aber mit seinen Äuglein nach der Mutter: ›Siehst du, ich habe gebissen!‹ Ist denn das nicht das reinste Glück, wenn die drei beisammen sind, Mann, Weib und Kind? Für solche Augenblicke kann man vieles verzeihen. Nein, Lisa, zuerst muss man selbst leben lernen, und dann erst darf man andere beschuldigen!«

›Mit Bildern, gerade mit solchen Bildern muss man dir kommen!‹, dachte ich im Stillen, obwohl ich bei Gott mit Gefühl gesprochen hatte, und errötete plötzlich: ›Und wenn sie jetzt lacht, was dann?‹ Dieser Gedanke machte mich rasend. Gegen Schluss meiner Rede war ich wirklich in Feuer geraten und war jetzt in meinem Ehrgeiz gewissermaßen getroffen. Das Schweigen dauerte an. Ich wollte sie schon anstoßen.

»Aber, Sie …«, begann sie plötzlich und stockte.

Doch ich hatte schon alles begriffen: in ihrer Stimme zitterte bereits etwas anderes, nicht das Schroffe, Raue und Unansprechbare wie vorher, sondern etwas Weiches und Verschämtes, dermaßen Verschämtes, dass ich mich plötzlich selbst vor ihr schämte und mich vor ihr schuldig fühlte.

»Was denn?«, fragte ich mit zarter Neugier.

»Aber Sie …«

»Was denn?«

»Aber Sie sprechen … genau wie nach dem Buch«, sagte sie, und plötzlich glaubte ich wieder etwas Spöttisches in ihrer Stimme zu hören.

Diese Bemerkung versetzte mir einen schmerzhaften Stich. Ich hatte etwas anderes erwartet.

Ich hatte nicht begriffen, dass sie sich absichtlich hinter dem Spott versteckte, dass dies gewöhnlich der letzte Zug aller verschämten und in ihrem Herzen keuschen Menschen ist, wenn man ihre Seele roh und aufdringlich bestürmt, die bis zum letzten Augenblick aus Stolz sich nicht ergeben und fürchten, ihr Gefühl zu zeigen. Schon aus der Schüchternheit, mit der sie nach mehreren Ansätzen ihren Spott endlich vorbrachte, hätte ich alles erraten müssen. Ich aber erriet nichts, und ein ungutes Gefühl stieg in mir auf.

›Warte nur‹, dachte ich.

VII

»Hör auf, Lisa, was heißt hier ›wie nach dem Buch‹, wenn das alles mich schon als Unbeteiligten anekelt. Dabei bin ich ja nicht unbeteiligt. Alles erwacht jetzt in meiner Seele ... Sollte dieses Haus dich wirklich, wirklich nicht anekeln? Nein, das ist also die Gewohnheit! Weiß der Teufel, was die Gewohnheit alles aus einem Menschen machen kann. Solltest du denn im Ernst denken, dass du nicht alt wirst, ewig hübsch bleibst und dass man dich bis in alle Ewigkeit hierbehält? Ich rede nicht einmal davon, dass hier nichts als Widerwärtigkeiten ... Übrigens, weißt du, was ich dir darüber, über dein jetziges Leben nämlich, sagen werde: Jetzt bist du immerhin noch jung, hübsch, gut, du hast Gefühl und Herz; weißt du eigentlich, dass ich vorhin, als ich wieder zu mir kam, mich sofort vor dir ekelte! Man kann ja doch nur in betrunkenem Zustand hierher geraten. Wärest du aber an einem anderen Ort, lebtest du, wie gute

Menschen leben, so würde ich dir vielleicht nicht nur den Hof machen, sondern mich einfach in dich verlieben und über jeden deiner Blicke, nicht nur über jedes Wort, glücklich sein. Am Haustor würde ich dich erwarten, auf den Knien vor dir liegen; würde zu dir wie zu meiner Braut emporschauen und es mir zur Ehre anrechnen. Ich würde nicht wagen, etwas Unsauberes von dir auch nur zu denken. Hier aber weiß ich doch, dass ich nur zu pfeifen brauche, und du musst kommen, ob du willst oder nicht, und nicht ich habe mich nach deinem, sondern du hast dich nach meinem Willen zu richten. Selbst der letzte Bauer, wenn er auf Tagelohn geht, ist nicht mit Leib und Seele verdingt und weiß darüber hinaus, dass es nur eine gewisse Zeit dauert. Wann aber ist deine Zeit um? Besinne dich doch: Was gibst du hin? Was hast du hier verkauft? Die Seele, die Seele, die nicht dir gehört, hast du hier zusammen mit deinem Leibe verkauft. Deine Liebe gibst du jedem Trunkenbold zu Schimpf und Schande preis. Liebe! Das ist ja das Ein und Alles, das ist ja der Diamant, der Schatz eines Mädchens, die Liebe. Um sie zu erringen, ist doch manch einer bereit, seine Seele hinzugeben, in den Tod zu gehen. Und wie hoch wird deine Liebe hier geschätzt? Man kauft dich ja ganz, mit Leib und Seele, wozu sich da noch besonders um Liebe bemühen, wenn auch ohne Liebe alles zu haben ist! Eine größere Kränkung kann es für ein Mädchen nicht geben, begreifst du das auch? Ich habe gehört, dass man euch Närrinnen hier Liebhaber erlaubt, um euch zu trösten; das ist doch aber nur Gaukelei, Betrug, Spott, ihr aber nehmt es ernst. Soll er dich etwa wirklich lieben, dieser Liebhaber? Das glaube ich nicht. Wie soll er dich lieben, wenn er weiß, dass man dich zu jeder Zeit von ihm wegrufen kann. Ein Schweinekerl ist er. Achtet er dich denn auch nur ein wenig? Was hast du mit ihm Gemeinsames? Er lacht ja nur über dich und bestiehlt dich obendrein – das ist seine ganze Liebe! Man kann noch froh sein, wenn er dich nicht prügelt. Vielleicht prügelt er dich auch. Frag ihn doch, wenn du einen hast, ob er dich heiraten würde. Er wird dir ins Gesicht lachen, wenn er dir nicht ins Gesicht spuckt oder dich verprügelt. Er selbst aber ist keine halbe Kopeke wert. Und wofür, besinne dich, wofür richtest du dein Leben zugrunde? Weil du hier Kaffee zu trinken bekommst und dich hier satt essen kannst? Wofür aber wirst du hier gefüttert? Eine andere, eine Anständige, würde einen solchen Bissen nicht herunterkriegen, weil sie weiß, wofür man ihr zu essen gibt. Du bist hier verschuldet, und du bleibst hier verschuldet bis an das letzte Ende, bis zu dem Tage, an dem die Gäste sich vor dir ekeln werden. Das aber wird bald sein, verlass dich ja nicht auf deine Jugend. Hier geht es ja wie mit der Post. Man wirft dich hinaus. Aber man wird dich nicht einfach hinauswerfen, sondern lange vorher wird man dich schikanieren, dir Vorwürfe machen, dich beschimpfen – als ob du ihr nicht deine Gesundheit hingegeben, deine Jugend und deine Seele umsonst ihr geopfert, als ob du deine Wirtin zugrunde gerichtet, ruiniert, bestohlen hättest. Erwarte keine Hilfe. Die anderen, deine Freundinnen, werden gleichfalls über dich herfallen, um sich bei der Wirtin einzuschmeicheln, denn hier sind alle Sklaven und haben längst Mitleid und Gewissen eingebüßt. Durch und durch gemein sind sie geworden, und es gibt auf der ganzen Welt nichts Widerlicheres, Kränkenderes und Gemeineres als ihre Flüche. Alles wirst du hier opfern, alles, ohne Rest – Gesundheit, Jugend, Schönheit, Hoffnungen, mit zweiundzwanzig Jahren wirst du aussehen wie eine Fünfunddreißigjährige und wirst noch Glück haben, wenn du bis dahin noch nicht krank bist, und Gott dafür danken müssen. Du denkst jetzt sicher noch, dass du hier nicht zu arbeiten brauchst und dich vergnügen kannst! Aber es gibt auf der ganzen Welt keine Arbeit, die schwerer und gemeiner wäre. Das Herz zerfließt förmlich in Tränen. Aber kein Wort wirst du sagen dürfen, kein halbes Wörtchen, wenn man dich hier hinauswirft, du schleichst dich wie eine Schuldige davon. Du kommst in ein anderes Haus, dann in ein drittes, dann wieder in ein anderes und wirst schließlich auf der Sennaja landen. Dort aber ist das Prügeln an der Tagesordnung; es ist die dort übliche Zärtlichkeit. Dort kann der Gast ohne Prügel nicht zärtlich sein. Du glaubst nicht, dass es dort so zugeht? Geh einmal hin, dann wirst du's mit eigenen Augen sehen. Ich habe dort einmal am Neujahrstage eine vor der Tür gesehen. Ihre eigenen Genossinnen hatten sie hinausgesetzt und hinter ihr die Tür zugeschlagen; sie sollte sich ein wenig abkühlen, weil sie allzu laut geheult hatte. Schon um neun Uhr morgens war sie völlig betrunken, zerzaust, halb nackt und blaugeschlagen. Das Gesicht war geschminkt, aber unter den Augen blaue Flecke; blutende Nase und Lippen; irgendein Droschkenkutscher musste sie gerade gehörig bearbeitet haben. Sie ließ sich auf die steinernen Stufen nieder, in der Hand hielt sie irgendeinen gesalzenen Fisch; sie heulte, beklagte ihr Los und schlug dabei mit dem Fisch gegen die Stufen. Kutscher und betrunkene Soldaten versammelten sich um die Treppe und neckten sie. Du kannst dir wohl nicht denken, dass es auch dir so gehen wird. Auch ich möchte lieber nicht daran denken; aber woher willst du es wissen, vielleicht kam gerade diese mit dem gesalzenen Fisch vor etwa zehn oder acht Jahren hierher – sie kam frisch, wie ein kleiner Engel, unschuldig und rein; sie ahnte nichts Böses und errötete bei jedem Wort. Vielleicht war sie genauso wie du, stolz und empfindlich, den anderen unähnlich, sah vielleicht wie eine Königin drein und wusste selbst, welches Glück jenen erwartet, der sie lieben und den sie wiederlieben würde. Und siehst du nun, welches Ende es genommen hat? Und wenn sie im selben Augenblick, als sie dort mit diesem Fisch auf die schmutzigen Stufen klopfte, betrunken und zerzaust, wenn sie sich gerade in diesem Augenblick ihrer früheren reinen Jahre im Elternhaus erinnerte, als sie noch in die Schule ging und der Nachbarssohn sie auf dem Heimweg erwartete und ihr beteuerte, dass er sie sein ganzes Leben lang lieben werde, dass er nur für sie leben möchte, und wie sie dann zusammen beschlossen, sich ewig zu lieben und zu heiraten, wenn sie groß wären! Nein, Lisa, du kannst von Glück, wirklich von Glück sagen, wenn du irgendwo dort in der Ecke, in einem Keller, so bald wie möglich an Schwindsucht stirbst. Du sprachst vorhin vom Krankenhaus. Wenn man dich hinbringt, ist alles gut, wenn aber die Wirtin dich noch brauchen kann? Schwindsucht ist etwas anderes als Influenza. Ein Schwindsüchtiger hofft bis zum letzten Augenblick und behauptet, er sei gesund, er macht sich das selbst vor. Für die Wirtin aber ist das vorteilhaft. Glaub mir, das ist so; du hast dich verkauft, du bist Geld schuldig, also darfst du keinen Muckser tun. Wenn's aber ans Sterben geht, werden alle dich verlassen, alle dir den Rücken zukehren, denn dann ist bei dir nichts mehr zu holen. Dann wird man dir auch noch vorwerfen, dass du unnütz Platz wegnimmst und nicht schnell genug stirbst. Du wirst sie um einen Schluck Wasser anflehen, aber auch den bekommst du nur unter Verwünschungen: ›Wann krepierst du endlich, du Aas, du lässt uns nicht schlafen, stöhnst in der Nacht, die Gäste nehmen daran Anstoß.‹ Das wird bestimmt so kommen; ich selbst habe solche Reden einmal gehört. Man steckt dich, wenn du mit dem Tode ringst, in den schmutzigsten Kellerwinkel – in Dunkelheit und Moder; was für Gedanken werden dir durch den Kopf gehen, wenn du dort allein liegst? Bist du gestorben, so packt man dich hastig, lieblos, mürrisch und ungeduldig in den Sarg – keiner segnet dich, keinem entringt sich auch nur ein Seufzer, alles geschieht in größter Eile. Man kauft einen billigen Sarg und trägt dich dann hinaus, so wie man heute diese Arme hinausgetragen hat, und dann gedenkt man deiner in der Schenke. Im Grabe Schlamm, Moder, nasser Schnee – sollte man denn deinetwegen Umstände machen? ›Runter mit ihr, Wanka; siehst du – auch hier streckt sie noch die Beine hoch, so eine war das. Zieh mal an, du Gauner.‹ – ›Ist schon recht.‹ – ›Wieso recht? Siehst du denn nicht, dass sie auf der Seite liegt? Immerhin ist sie doch auch ein Mensch gewesen, oder nicht? Ist schon recht, schütt zu.‹ Deinetwegen lohnt es sich nicht zu streiten. Eilig schütten sie das Grab mit nassem, blauem Lehm zu und gehen in die Schenke … Und damit hat die Erinnerung an dich auf Erden ein Ende; andere Gräber werden von den Kindern, den Vätern oder Gatten besucht, über dir aber – keine Träne, kein Seufzer, keine Erinnerung, und niemand, niemand auf der ganzen Welt wird je an dein Grab kommen; dein Name verschwindet auf ewig vom Angesicht der Erde, als ob es dich nie gegeben hätte, als ob du nie geboren wärest! Schlamm und Sumpf, und es bleibt dir nichts anderes übrig, als nachts, wenn die Toten sich erheben, gegen den Sargdeckel zu klopfen und zu rufen: ›Lasst mich noch einmal leben, ihr guten Menschen! Ich lebte – ohne das Leben zu kennen, mein Leben wurde zu einem Drecklumpen gemacht; in einer Schenke auf der Sennaja wurde es versoffen, lasst mich, ihr guten Menschen, noch einmal leben!‹«

Ich geriet in Pathos, so sehr, dass ich einen Weinkrampf nahen spürte und ... plötzlich hielt ich inne, erhob mich erschrocken und horchte mit ängstlich eingezogenem Kopf und pochendem Herzen. Ich hatte wahrlich genügend Grund, verlegen zu werden.

Schon lange hatte ich gespürt, dass ich ihre ganze Seele aufgewühlt und ihr Herz zerbrochen hatte; und je mehr ich mich davon überzeugte, desto mehr drängte es mich, so schnell wie möglich und so stark wie möglich das Ziel zu erreichen. Das Spiel, das Spiel riss mich mit. Übrigens war es nicht nur Spiel ...

Ich wusste, dass ich gespreizt und steif gesprochen hatte, mit einem Wort, ›literarisch‹, ich konnte ja gar nicht anders sprechen als eben ›wie nach dem Buch‹. Das aber störte mich nicht: ich wusste, ich ahnte, dass ich verstanden wurde und dass dieses Literarische die Wirkung womöglich noch steigerte. Jetzt aber, angesichts des Erfolges, bekam ich plötzlich Angst. Nein, niemals, niemals war ich Zeuge einer solchen Verzweiflung gewesen! Sie hatte das Gesicht tief in die Kissen vergraben, die sie mit beiden Händen umklammert hielt. Ihre Brust drohte zu zerspringen. Der ganze junge Körper bebte und zuckte wie in Krämpfen. Das unterdrückte Schluchzen ballte sich in ihrer Brust, würgte sie und brach in Schreien und Stöhnen aus ihr heraus. Dann presste sie sich noch fester an das Kissen: sie wollte vermeiden, dass irgendjemand hier in diesem Hause, auch nicht eine einzige Seele, von ihren Qualen und ihren Tränen erführe. Sie biss in das Kissen, sie biss sich die Hand blutig (das sah ich später), sie krallte die Finger in ihre aufgelösten Zöpfe und erstarb förmlich, mit angehaltenem Atem und zusammengebissenen Zähnen. Ich begann auf sie einzureden, ich bat sie, sich zu beruhigen, doch schon fühlte ich, dass ich es nicht durfte, stürzte plötzlich, selbst fiebernd, beinahe von Sinnen aus dem Bett und begann hastig, meine Sachen tastend zusammenzusuchen. Es war vollkommen dunkel: wie sehr ich mich auch bemühte, es dauerte mir viel zu lange. Plötzlich griff ich eine Streichholzschachtel und einen Leuchter mit einer neuen, noch nicht angebrannten Kerze. Kaum flackerte die Kerze auf, da erhob sich Lisa plötzlich, setzte sich hin und starrte mich an, mit verzerrtem Gesicht, verstört lächelnd, wie von Sinnen. Ich setzte mich neben sie und ergriff ihre Hände; sie kam zu sich, wandte sich mir heftig zu, als wollte sie mich umarmen, doch wagte sie es nicht und senkte still den Kopf.

»Lisa, meine Freundin, ich durfte nicht … vergib mir«, begann ich, sie aber presste meine Hände so stark mit ihren Fingern, dass ich erriet, wie unpassend meine Worte waren, und verstummte.

»Hier ist meine Adresse, Lisa, du sollst zu mir kommen.«

»Ich werde kommen …«, flüsterte sie entschlossen, immer noch ohne aufzublicken.

»Und jetzt werde ich gehen, leb wohl … auf Wiedersehen.«

Ich erhob mich, und auch sie stand auf, wurde plötzlich

über und über rot, fuhr zusammen, griff nach einem auf dem Stuhl liegenden Schal, warf ihn über die Schultern und hüllte sich bis zum Kinn ein. Dann lächelte sie wieder schmerzlich, errötete und sah mich mit einem sonderbaren Blick an. Es tat mir weh; ich wollte so schnell wie möglich hinaus, verschwinden.

»Warten Sie«, sagte sie plötzlich, als wir schon im Flur an der Tür angelangt waren, wobei sie mich am Mantel zupfte, stellte dann das Licht irgendwo ab und stürzte davon –, offensichtlich war ihr etwas eingefallen oder sie wollte mir etwas zeigen. Im Weglaufen errötete sie wieder, ihre Augen glänzten, ein Lächeln spielte um ihren Mund – was mochte es sein? Ich wartete: sie kam sofort zurück mit einem Blick, der gleichsam um Vergebung bat. Überhaupt war es nicht mehr dasselbe Gesicht, nicht mehr derselbe Blick wie vorhin – düster, misstrauisch und starr. Ihre Augen waren jetzt bittend, weich und zutraulich, zärtlich und schüchtern zugleich. So pflegen Kinder diejenigen anzusehen, die sie sehr lieben und von denen sie etwas erbitten möchten. Sie hatte hellbraune Augen, wundervolle, lebendige Augen, die sowohl Liebe als auch düsteren Hass widerzuspiegeln vermochten.

Ohne mir etwas zu erklären, als ob ich wie ein höheres Wesen alles auch ohne Erklärung wissen müsste, hielt sie mir ein Blatt hin. Ihr ganzes Gesicht erstrahlte in diesem Augenblick in einem naiven, beinahe kindlichen Triumph. Ich entfaltete das Blatt. Es war ein Brief an sie, von irgendeinem Medizinstudenten oder so etwas – eine hochtrabende, blumenreiche, doch außerordentlich ehrerbietige Liebeserklärung. Ich habe die Einzelheiten vergessen, aber ich kann mich noch sehr gut erinnern, dass durch den verschnörkelten Stil ein aufrichtiges Gefühl hindurchleuchtete, das man nicht vortäuschen kann. Als ich zu Ende gelesen hatte, begegnete ich ihrem heißen, neugierigen und kindlich ungeduldigen Blick. Ihre Augen hingen an meinem Gesicht, und sie wartete ungeduldig, was ich sagen würde. In kurzen Worten, eilig, aber irgendwie freudig und voll Stolz, erklärte sie mir, dass sie auf einem Tanzabend in einer Familie gewesen wäre, bei »sehr, sehr guten Menschen, in einer *Familie*, und wo man *noch nichts weiß, nicht das Geringste*« – denn sie war ja hier erst seit ganz kurzem und nur so … sie hat sich durchaus nicht entschlossen zu bleiben, sie wird sogar bestimmt gehen, sobald ihre Schulden bezahlt sind … – Nun, und dort war dieser Student, er hatte den ganzen Abend mit ihr getanzt und gesprochen, und es hatte sich herausgestellt, dass er gleichfalls aus Riga war, dass sie sich bereits als Kinder gekannt und zusammen gespielt hatten, nur war das alles schon sehr lange her – sogar ihre Eltern kannte er, doch *davon* weiß er nichts, nichts, nichts und ahnt nicht einmal etwas! Und da hat er am Tag nach dem Fest (vor drei Tagen) durch ihre Freundin, mit der sie dorthin gegangen war, diesen Brief geschickt … und … und das ist alles.

Irgendwie verschämt senkte sie ihre funkelnden Augen, als sie ihre Erzählung beendet hatte.

Die Ärmste, sie bewahrte diesen Brief wie eine Kostbarkeit und holte diese einzige Kostbarkeit eilig hervor, weil sie nicht wollte, dass ich fortginge, ohne zu erfahren, dass auch sie in Ehren und aufrichtig geliebt wurde, dass man auch zu ihr ehrerbietig sprach. Vermutlich war es wohl diesem Brief beschieden, ohne alle Folgen in einem Kästchen liegenzubleiben. Aber das hatte nichts zu sagen; ich bin überzeugt, dass sie ihn ihr Leben lang wie eine Kostbarkeit bewahren würde, als ihren Stolz und ihre Rechtfertigung. Jetzt, in diesem Augenblick, fiel ihr der Brief ein, und sie holte ihn hervor, um ihn mir mit naivem Stolz zu zeigen, um in meinen Augen wieder zu steigen, auch ich sollte ihn sehen, auch ich sollte ihn bewundern. Ich sagte kein Wort, drückte ihr die Hand und ging hinaus. Ich wollte fort ... Ich legte den ganzen Weg zu Fuß zurück, obwohl der nasse Schnee immer noch in dichten schweren Flocken fiel. Ich war zerquält, vernichtet, fassungslos. Doch die Wahrheit schimmerte bereits durch die Fassungslosigkeit hindurch. Eine scheußliche Wahrheit!

VIII

Ich habe mich übrigens mit dieser Wahrheit nicht so bald einverstanden erklärt. Als ich am Morgen nach einigen Stunden schweren, bleiernen Schlafes erwachte und mich sofort an den ganzen vergangenen Tag erinnerte, wunderte ich mich sogar über meine gestrige *Sentimentalität* mit Lisa, über dieses ganze ›gestrige Entsetzen und Mitleid‹.

›Was für eine weibische Nervosität einen doch manchmal überfallen kann!‹, entschied ich. ›Und wozu habe ich ihr eigentlich meine Adresse aufgedrängt? Und wenn sie nun jetzt kommt? Und übrigens mag sie nur kommen; egal ...‹ *Offensichtlich* war das jetzt nicht das Wichtigste und Dringlichste; ich musste mich beeilen und um jeden Preis, so schnell wie möglich, meine Reputation in den Augen Swerkows und Simonows retten. Das war das Wichtigste. Lisa aber vergaß ich an jenem Morgen gänzlich, vor lauter Sorgen.

Die Hauptsache war, Simonow die gestrige Schuld zurückzuzahlen. Ich entschloss mich zu einem gewagten Schritt: Anton Antonytsch um ganze fünfzehn Rubel anzugehen. Ausgerechnet an diesem Morgen war er bei bester Laune und erfüllte meine Bitte ohne weiteres, nach den ersten Worten. Ich war darüber so froh, dass ich ihm beim Unterschreiben der Quittung mit verwegener Miene *beiläufig* erzählte, dass ich gestern »mit Freunden im Hôtel de Paris gefeiert habe; einen Freund verabschiedet, man könnte auch sagen, einen Jugendfreund, und wissen Sie – einer, der das Leben genießt und verwöhnt ist, aus guter Familie, versteht sich, bedeutendes Vermögen, glänzende Karriere, geistreich, liebenswürdig, Frauengeschichten, Sie wissen schon; wir tranken ein halbes Dutzend über den Durst und …« Und es ging gut: alles ließ sich leicht, ungezwungen und selbstsicher aussprechen.

Nach Hause zurückgekehrt, schrieb ich sofort an Simonow.

Bis auf den heutigen Tag habe ich meine Freude daran, wenn ich an den wahrhaft weltmännischen, gutmütigen und offenherzigen Ton meines Briefes zurückdenke. Gewandt, vornehm und vor allen Dingen ohne jedes überflüssige Wort nahm ich alle Schuld auf mich. Ich rechtfertigte mich, »wenn es mir überhaupt noch zusteht, mich zu rechtfertigen«, mit der Erklärung, dass ich, an Alkohol nicht gewöhnt, bereits nach dem ersten Gläschen betrunken war, welches ich (angeblich) vor ihrer Ankunft getrunken hatte, als ich von fünf bis sechs im Hôtel de Paris auf sie wartete. Ich entschuldigte mich eigentlich nur bei Simonow; und bat ihn lediglich, meine Erklärungen auch allen anderen zu übermitteln, besonders Swerkow, den ich, »ich glaube mich wie im Traum zu erinnern«, vielleicht beleidigt hätte. Ich fügte hinzu, dass ich gerne persönlich bei allen vorgesprochen hätte, wenn nicht die Kopfschmerzen wären und ich mich nicht so sehr schämte. Besonders gefiel mir diese ›gewisse Leichtigkeit‹, beinahe eine Lässigkeit (übrigens eine durch und durch vornehme), die sich plötzlich in jeder Zeile spiegelte und besser als alle Beweise zu verstehen geben musste, dass ich dieser »ganzen gestrigen Scheußlichkeit« ziemlich überlegen gegenüberstehe, dass ich durchaus nicht zerknirscht bin, wie Sie, meine Herrschaften, wahrscheinlich glauben, keineswegs, sondern ganz im Gegenteile die Sache so auffasse, wie ein Gentleman mit ruhigem Selbstbewusstsein sie eben auffassen muss. »Die Wahrheit bringt dem Helden keinen Vorwurf.«

›Ist das nicht einfach galant und spielerisch?‹, staunte ich, den Brief noch einmal überfliegend. ›Und das alles, weil ich ein entwickelter und gebildeter Mensch bin! Jeder andere würde an meiner Stelle nicht wissen, wie er sich aus dieser Affäre ziehen soll, ich aber bin schon wieder obenauf und lebe drauflos, und das nur, weil ich eben ein ‚gebildeter und entwickelter Mensch unserer Zeit' bin. Vielleicht lag es wirklich gestern nur am Wein? Hm, das stimmt ja nun nicht, das lag nicht am Wein. Und Wodka hatte ich ja überhaupt nicht getrunken zwischen fünf und sechs, als ich auf sie wartete. Da habe ich Simonow belogen; gewissenlos belogen; aber auch jetzt macht es mir nichts aus ... Bah, übrigens, Schwamm drüber! Die Hauptsache ist doch, dass man die Geschichte loswird.‹

Ich legte dem Brief sechs Rubel bei und überredete Apollon, den Brief zu Simonow zu bringen. Als er erfuhr, dass das Kuvert Geld enthielt, wurde er ehrerbietiger und erklärte sich bereit hinzugehen. Gegen Abend ging ich spazieren. Mein Kopf tat immer noch weh, und mir schwindelte. Doch je näher der Abend heranrückte und je dichter die Dämmerung wurde, desto schneller und verwirrender wechselten meine Empfindungen und auch meine Gedanken. Irgendetwas wollte in mir nicht sterben in der Tiefe des Herzens und des Gewissens, es wollte nicht sterben und blieb als brennende Sehnsucht. Ich suchte die belebtesten Geschäftsstraßen, die Meschtschanskije, die Sadowaja, entlang dem Jussupow-Park. Ich liebte es besonders, in der Dämmerung durch diese Straßen zu gehen, wenn dort die Menge der Fußgänger dichter wurde, wenn Handwerker und Arbeiter mit ihren bis zur Boshaftigkeit sorgenvollen Gesichtern von ihrer Arbeit nach Hause strebten. Mir gefiel gerade dieses Hasten nach der Kopeke, diese unverfrorene Prosa. An jenem Abend wirkte das Straßengedränge ganz besonders aufreizend auf mich. Ich konnte mit mir nicht fertig werden, ich konnte die Enden nicht finden. Irgendetwas stieg in mir auf, ununterbrochen stieg es in meiner Seele auf, unter Schmerzen, und ließ sich nicht abweisen. Gänzlich zerschlagen kehrte ich schließlich heim. Es war mir, als laste auf meiner Seele irgendein Verbrechen.

Es quälte mich beständig der Gedanke, dass Lisa kommen würde. Mich wunderte, dass von allen gestrigen Erinnerungen die Erinnerung an sie mich irgendwie besonders, von allem anderen irgendwie unabhängig quälte. Es gelang mir, alles andere bis zum Abend zu vergessen, einen Schlussstrich zu ziehen, und ich war immer noch mit meinem Brief an Simonow völlig zufrieden. Aber mit dem einen war ich nicht zufrieden. Es war geradezu, als quälte mich nur Lisa allein. ›Wenn sie aber jetzt kommt?‹, dachte ich ununterbrochen. ›Nun, dann wird sie eben kommen. Hm! Allein schon, dass sie zum Beispiel sehen wird, wie ich wohne. Gestern trat ich als Held auf ... Und jetzt, hm! Eigentlich ist es doch schändlich, dass ich so heruntergekommen bin. Die Wohnung ist richtig armselig. Und gestern konnte ich mich entschließen, in solchen Kleidern zum Essen zu gehen! Und mein Wachstuchsofa, aus dem das Seegras herausquillt! Und mein Schlafrock, der vorne nicht zugeht! Lauter Fetzen ... Und sie wird das alles sehen; und auch Apollon wird sie sehen. Dieses Rindvieh wird sie bestimmt beleidigen. Er wird sie beleidigen, um mich zu ärgern. Ich aber werde selbstverständlich nach alter Gewohnheit verlegen werden, vor ihr tänzeln, die Schlafrockschöße übereinanderschlagen, werde lächeln, lügen. Oh, diese Schändlichkeit! Aber das ist noch nicht die größte Schändlichkeit! Hier gibt es etwas noch Tieferes, Widerlicheres, Gemeineres! Ja, Gemeineres! Und wieder, wieder diese ehrlose, verlogene Maske!‹

Bei diesem Gedanken angelangt, fuhr ich förmlich hoch: ›Warum denn ehrlos? Wieso ehrlos? Ich habe doch gestern aufrichtig gesprochen. Ich erinnere mich doch noch, dass auch in mir ein echtes Gefühl war. Ich wollte ja gerade in ihr edle Gefühle wecken ... Und wenn sie ein wenig weinte, so ist das gut, es wird eine heilsame Wirkung haben.‹

Und dennoch konnte ich mich nicht beruhigen.

Diesen ganzen Abend, auch nachdem ich zurückgekehrt war, bereits nach neun, also zu einer Zeit, da Lisa wohl nicht mehr kommen konnte, sah ich sie immer wieder vor mir, und zwar in ein und derselben Stellung. Es war ein Bild, das von allem Gestrigen sich besonders deutlich mir eingeprägt hatte: wie ich mit dem Streichholz plötzlich das Zimmer erhellte und ihr bleiches, verzerrtes Gesicht mit dem leidenden Blick vor mir sah. Und was für ein klägliches, was für ein gezwungenes, verzerrtes Lächeln hatte sie in diesem Augenblick! Dabei wusste ich damals noch nicht, dass ich auch nach fünfzehn Jahren Lisa noch immer mit diesem kläglichen, verzerrten, unnötigen Lächeln von damals vor mir sehen würde.

Am folgenden Tage war ich wieder bereit, das Ganze für Unsinn, Nervosität und vor allen Dingen für *Übertriebenheit* zu halten. Ich war mir dieser Schwäche immer bewusst und habe mich zuweilen sehr vor ihr gefürchtet: ›Das ist es ja, dass ich alles übertreibe, das ist nun einmal mein Elend‹, wiederholte ich mir stündlich. Aber übrigens, ›übrigens wird Lisa wahrscheinlich trotzdem kommen‹ – das war der Refrain, mit dem alle meine Gedanken damals endeten. Ich war dermaßen aufgeregt, dass ich zuweilen in größte Wut geriet: ›Sie wird kommen! Sie wird unbedingt kommen!‹, rief ich aus, im Zimmer auf und ab laufend. ›Wenn nicht heute, dann morgen, sie wird mich schon finden! Das ist die verfluchte Romantik all dieser *reinen Herzen*! Oh, diese Gemeinheit, diese Dummheit, diese Beschränktheit all dieser verwünschten sentimentalen Seelen! Nun, wie soll man das nicht begreifen, wie kann man das bloß nicht begreifen?‹ Aber hier musste sogar ich verstummen, und zwar in großer Verwirrung.

›Und wie wenige, wenige Worte waren erforderlich‹, dachte ich flüchtig, ›wie wenige Worte, wie wenig Idyll (und dazu noch gespreiztes, erdachtes, literarisches Idyll), um sofort ein ganzes Leben nach eigenem Willen in eine andere Bahn zu lenken. Das ist Jungfräulichkeit! Das ist Neuland!‹

Zuweilen kam mir auch der Gedanke, selbst zu ihr zu gehen, ›ihr alles zu gestehen‹ und sie anzuflehen, nicht zu mir zu kommen. Aber in diesem Augenblick, bei diesem Gedanken stieg in mir eine solche Wut auf, dass ich diese ›verfluchte‹ Lisa einfach vernichtet hätte, wäre sie zufällig in meiner Nähe gewesen, dass ich sie beleidigt, angespuckt, hinausgeworfen, geschlagen hätte!

Inzwischen verging der erste Tag, ein zweiter und ein dritter – sie kam immer noch nicht, und ich begann mich zu beruhigen. Ich fasste Mut und wurde wieder munter, besonders nach neun, ja ich begann sogar wieder zu träumen und zwar recht hübsch: ›Ich rette Lisa zum Beispiel gerade dadurch, dass sie mich besucht und ich zu ihr spreche ... Ich erziehe, ich bilde sie. Ich sehe schließlich, dass sie mich liebt, dass sie mich leidenschaftlich liebt. Ich tue, als merke ich nichts (warum ich das tue, weiß ich übrigens selbst nicht, wahrscheinlich weil es so schöner ist). Schließlich stürzt sie, verwirrt und schön, bebend und schluchzend mir zu Füßen und sagt mir, dass ich ihr Retter sei, dass sie mich mehr als alles auf der Welt liebe. Ich bin erstaunt, aber ... Lisa, sage ich, glaubst du wirklich, dass ich deine Liebe nicht bemerkt hätte? Alles habe ich gesehen, alles habe ich erraten, aber ich habe es nicht gewagt, als Erster um dein Herz zu werben, weil ich von meinem Einfluss auf dich wusste und deshalb fürchtete, dass du dich vielleicht nur aus Dankbarkeit, um meine Liebe zu erwidern, mit Gewalt zu einem Gefühl zwingen würdest, das du vielleicht gar nicht hast, das aber wollte ich vermeiden, denn das ist ... despotisch ... Das wäre unzart (kurz, ich verlor hier den Boden unter den Füßen vor lauter europäischer George-Sand'scher unaussprechlich edler Feinheit). Aber jetzt, jetzt bist du mein, mein Geschöpf, du bist rein, schön, du bist mein wundervolles Weib.

Und in mein Haus zieh stolz und frei
Du seine rechte Herrin ein!

Dann leben wir in aller Herrlichkeit los, fahren ins Ausland usw. usw.‹ Mit einem Wort, es wurde selbst mir zuwider, und ich schloss damit, dass ich mir selbst die Zunge herausstreckte.

›Man lässt sie ja überhaupt nicht gehen, die Hure!‹, dachte ich, man lässt sie nicht besonders gerne aus dem Haus, glaube ich, abends schon gar nicht (aus irgendeinem Grunde glaubte ich, dass sie bestimmt am Abend kommen würde und zwar gerade um sieben Uhr). Allerdings hat sie mir gesagt, dass sie sich dort noch nicht endgültig verkauft hat und besondere Vorrechte genießt; hm! Hol's der Teufel, dann wird sie kommen, dann wird sie unbedingt kommen!

Es war noch ein Glück, dass Apollon mich während dieser Zeit durch seine Dreistigkeit ablenkte. Er brachte mich um meine letzte Fassung! Er war mein Verderben, eine Geißel Gottes, die von der Vorsehung geschwungen wurde. Wir lagen dauernd im Krieg miteinander, schon seit mehreren Jahren, und ich hasste ihn. Mein Gott, wie ich ihn hasste! Niemand habe ich in meinem Leben so gehasst wie ihn, besonders in gewissen Augenblicken. Er war ein älterer gravitätischer Mensch, der nebenher ein wenig schneiderte. Aber aus einem unbekannten Grund verachtete er mich über alle Maßen und sah unerträglich hochmütig auf mich herab. Übrigens sah er auf alle herab. Man brauchte nur einen Blick auf diesen weißblonden, geschniegelten Kopf zu werfen, auf die sorgfältig gedrehte Tolle, die er mit Sonnenblumenöl salbte, auf diesen seriösen, stets tugendhaft geschürzten Mund – und man merkte sofort, dass man ein Wesen vor sich hatte, das keinerlei Zweifel an sich selbst empfand. Er war ein Pedant höchsten Grades, der größte Pedant von allen, denen ich je begegnet bin, und dazu noch von einer Eitelkeit, die sich höchstens ein Alexander von Mazedonien hätte leisten können. Er war in jeden seiner Knöpfe verliebt, in jeden seiner Fingernägel – eben verliebt. Diese Verliebtheit sah man ihm sofort an! Mich behandelte er ausgesprochen despotisch, sprach mit mir äußerst selten, und wenn er mich eines Blickes würdigte, so geschah das mit einem sicheren, würdevoll-selbstbewussten und stets spöttischen Ausdruck, der mich bisweilen zur Raserei brachte. Seinen Dienst versah er mit einem Gesicht, als erweise er mir die größte Gnade. Übrigens tat er so gut wie gar nichts für mich und hielt sich auch nicht für verpflichtet, etwas zu tun. Es bestand keinerlei Zweifel, dass er mich als den letzten Trottel der ganzen Welt betrachtete, und er ›duldete mich nur deshalb in seiner Nähe‹, weil er von mir seinen monatlichen Lohn fordern konnte. Er war bereit, bei mir für diese sieben Rubel monatlich ›nichts zu tun‹. Seinetwegen werden mir bestimmt viele Sünden vergeben. Zuweilen war mein Hass auf ihn so groß, dass mir schon sein Gang Krämpfe verursachte. Doch ganz besonders widerlich war mir sein Lispeln. Seine Zunge war etwas länger, als es sich gehört, oder was weiß ich, jedenfalls lispelte er beständig und war auch noch stolz darauf, weil er sich einbildete, dass es ihm eine gewisse Vornehmheit verleihe. Er sprach immer leise, gesetzt, die Hände auf dem Rücken und die Augen zu Boden gesenkt. Ganz besonders brachte er mich auf, wenn er in seiner Kammer Psalmen zu lesen begann. Dieser Psalmen wegen habe ich die härtesten Kämpfe ausgefochten. Aber er liebte es sehr, allabendlich zu lesen, mit leiser gleichmäßiger Stimme in singendem Tonfall, ganz wie über einem Toten. Es ist bemerkenswert, dass er dabei blieb: jetzt liest er Psalmen bei den Toten, ferner vertilgt er Ratten und stellt Schuhwichse her. Damals jedoch konnte ich mich von ihm nicht trennen, ganz, als wäre er mit meiner Existenz irgendwie chemisch verbunden. Außerdem wäre er nie bereit gewesen zu gehen. Ich konnte niemals in möblierten Zimmern wohnen: meine winzige Wohnung war mein Haus, meine Schale, mein Futteral, in das ich mich vor aller Menschheit verkroch, Apollon aber, der Teufel weiß warum, schien mir zu dieser Wohnung zu gehören, und so brachte ich es ganze sieben Jahre lang nicht fertig, mich seiner zu entledigen.

Sein Gehalt auch nur zwei, drei Tage lang zurückzuhalten war ausgeschlossen. Er hätte sich so aufgeführt, dass ich weder aus noch ein gewusst hätte. In diesen Tagen aber war ich dermaßen mit allem zerfallen, dass ich mich aus irgendeinem Grund und zu irgendeinem Zweck entschloss, Apollon *zu bestrafen* und ihm seinen Lohn noch ganze zwei Wochen vorzuenthalten. Das hatte ich mir schon lange, schon seit etwa zwei Jahren vorgenommen – einzig um ihm zu beweisen, dass er kein Recht habe, sich so breitzumachen, und dass ich ihm, wenn es mir gefiele, sein Gehalt überhaupt nicht auszuzahlen brauchte. Ich nahm mir vor, kein Wort darüber zu sagen und absichtlich zu schweigen, um seinen Stolz zu brechen und ihn zu zwingen, als Erster von dem Gehalt zu sprechen. Dann erst würde ich die sieben Rubel aus der Schublade nehmen, ihm zeigen, dass ich sie habe, dass sie zurückgelegt sind, sie ihm aber nicht geben, weil ›ich nicht will, nicht will, weil ich ihm seinen Lohn einfach nicht auszahlen will; nicht will, weil ich es eben so will‹, weil das mein ›Herrenwille‹ ist, weil er nicht ehrerbietig, weil er ein Grobian ist; falls er aber unterwürfig bitten sollte, würde ich mich unter Umständen erweichen lassen und ihm die sieben Rubel aushändigen; wenn nicht, dann müsse er noch zwei Wochen warten, drei Wochen warten, einen ganzen Monat müsse er warten …

Aber wie aufgebracht ich auch war, gesiegt hat er doch. Ich habe keine vier Tage durchgehalten. Er begann, womit er schon immer in ähnlichen Fällen zu beginnen pflegte, denn ähnliche Fälle hatte es schon gegeben, ähnliche Fälle waren schon herbeigeführt worden (und ich möchte gleich hinzufügen, dass ich das alles im Voraus wusste, dass ich seine ganze niederträchtige Taktik auswendig kannte); nämlich: er begann damit, dass er einen ungemein strengen Blick auf mich richtete und einige Minuten lang auf mir ruhen ließ, insbesondere, wenn er mich an der Tür empfing oder hinausbegleitete. Hielt ich dann zum Beispiel stand und tat, als bemerke ich diese Blicke überhaupt nicht, so ging er, immer noch schweigend, zu der nächsten Folter über. Plötzlich, mir nichts, dir nichts, kommt er mit leisen und gemessenen Schritten in mein Zimmer, wenn ich auf und ab gehe oder lese, bleibt an der Tür stehen, legt eine Hand auf den Rücken, stellt ein Bein vor und richtet den Blick auf mich – einen nicht mehr bloß strengen, sondern vollends verächtlichen Blick. Wenn ich ihn dann frage, was er wolle, antwortet er mit keiner Silbe, fährt fort, mich noch einige Sekunden lang anzustarren, um sich dann mit seltsam zusammengekniffenen Lippen und bedeutsamer

Miene langsam umzudrehen und sich langsam in seine Kammer zurückzuziehen. Nach etwa zwei Stunden kommt er wieder heraus und pflanzt sich wieder vor mir auf. Es kam vor, dass ich ihn vor Zorn überhaupt nicht mehr fragte, was er wolle, sondern mich entschlossen und gebieterisch aufrichtete und ihn gleichfalls unbeweglich ansah. So starrten wir einander etwa zwei Minuten lang an; schließlich drehte er sich wieder langsam und gravitätisch um und verließ mich auf weitere zwei Stunden.

Ließ ich mich auch dadurch nicht zur Vernunft bringen und fuhr in meiner Rebellion fort, so begann er, während er mich ansah, zu seufzen, lange und tief zu seufzen, als wolle er mit diesem einen Seufzer den ganzen Abgrund meiner moralischen Verkommenheit ausmessen; und das Ganze, versteht sich, endete schließlich damit, dass er vollständig die Übermacht gewann: ich tobte, ich schrie, aber ich wurde trotzdem gezwungen, in allem nachzugeben.

Dieses Mal aber, sobald das übliche Manöver der ›strengen Blicke‹ begann, geriet ich sofort außer mir und fuhr ihn wütend an. Ich war ohnedies schon gereizt.

»Bleib!«, schrie ich wie rasend, als er sich langsam und schweigend, die eine Hand auf dem Rücken, wieder umdrehen wollte, um sich in sein Zimmer zurückzuziehen, »bleib, zurück, zurück, sage ich!« Und ich muss wohl so unnatürlich gebrüllt haben, dass er sich wieder umdrehte und mich sogar gewissermaßen erstaunt betrachtete. Übrigens sprach er kein Wort, aber das war es ja, was mich am meisten reizte.

»Was unterstehst du dich, hier ohne Erlaubnis einzutreten und mich so anzustarren? Antworte!«

Aber nachdem er mich in aller Seelenruhe etwa eine halbe Minute lang betrachtet hatte, schickte er sich wieder an kehrtzumachen.

»Bleib!«, brüllte ich und stürzte auf ihn zu, »nicht vom Fleck! So. Antworte jetzt: Warum kommst du und guckst?«

»Wenn Sie mir jetzt etwas zu befehlen haben, so ist es an mir, es auszuführen«, antwortete er nach einigem Schweigen, leise und umständlich lispelnd, wobei er die Augenbrauen hochzog und den Kopf von einer Schulter zur anderen wiegte – und das alles wiederum mit der grauenhaftesten Gelassenheit.

»Es geht nicht darum, nicht darum, du Henker«, schrie ich zornbebend. »Ich werde dir sagen, du Henker, ich, warum du herkommst: du siehst, dass ich dir deinen Lohn nicht auszahle, willst aber aus Stolz nicht darum bitten, willst dich nicht erniedrigen und schleichst dann mit deinen dummen Blicken herum, um mich zu bestrafen, zu quälen, ohne zu begreifen, du Henker, wie dumm das ist. Dumm, dumm, dumm, dumm, dumm!«

Wieder schickte er sich schweigend an kehrtzumachen, ich aber hielt ihn fest.

»Höre!«, schrie ich ihn an. »Hier ist Geld, siehst du, hier ist es (ich riss das Geld aus der Schublade), die ganzen sieben Rubel, aber du bekommst sie nicht, du bekommst sie nicht, so lange, bis du kommst und mich ehrerbietig, reumütig um Verzeihung bittest! Hast du gehört?!«

»Das wird niemals geschehen!«, antwortete er mit geradezu unnatürlichem Selbstbewusstsein.

»Das wird geschehen«, schrie ich, »auf mein Ehrenwort, das wird geschehen!«

»Ich habe Ihnen nichts abzubitten«, fuhr er fort, als ob er mein Geschrei nicht gehört hätte, »Sie selbst haben mich ja

›Henker‹ genannt, wofür ich Sie jederzeit auf der Polizei wegen Beleidigung anzeigen kann.«

»Geh! Zeig mich an!«, brüllte ich wieder, »geh auf der Stelle, in diesem Augenblick! In dieser Sekunde! Du bist ein Henker! Henker! Henker!« Er sah mich jedoch nur noch einmal an, drehte sich um, und ohne mein weiteres Rufen zu beachten, schritt er ruhig auf seine Kammer zu, ohne sich umzublicken.

›Ohne Lisa wäre es nicht so weit gekommen!‹, entschied ich bei mir. Und dann, nachdem ich ungefähr eine Minute lang dagestanden hatte, begab ich mich würdevoll und feierlich, jedoch mit langsam und stark klopfendem Herzen, zu ihm in seinen Verschlag.

»Apollon!«, sagte ich leise und mit Nachdruck, aber keuchend, »geh sofort, unverzüglich, und hole die Polizei!«

Er hatte inzwischen schon an seinem Tisch Platz genommen, die Brille aufgesetzt und wollte anfangen zu nähen. Als er meinen Befehl hörte, prustete er vor Lachen.

»Sofort, du gehst sofort! Geh, sonst passiert etwas, was du dir nicht vorstellen kannst!«

»Sie sind wahrhaftig nicht ganz bei Verstand«, meinte er darauf, ohne auch nur den Kopf zu heben, weiterhin umständlich lispelnd. Er fädelte ungerührt eine Nadel ein. »Und wer hat es denn je erlebt, dass ein Mensch gegen sich selbst die Obrigkeit anruft? Was aber das Fürchten betrifft – so strengen Sie sich ganz umsonst an, weil – nichts wird passieren.«

»Geh!«, kreischte ich und packte ihn an der Schulter. Ich fühlte, dass ich gleich zuschlagen würde.

Ich hörte nicht, dass in diesem Augenblick die Flurtür sich leise und langsam öffnete, jemand eintrat, stehen blieb und uns verwundert betrachtete. Ich blickte auf, erstarrte vor Scham und stürzte in mein Zimmer. Dort packte ich mich mit beiden Händen an den Haaren, lehnte den Kopf an die Wand und erstarb.

Nach etwa zwei Minuten ließen sich Apollons langsame Schritte vernehmen.

»Da fragt *eine* nach Ihnen«, sagte er, indem er mich besonders streng ansah, dann zur Seite trat und sie vorbeiließ – Lisa. Er hatte nicht vor zu gehen und betrachtete uns spöttisch.

»Hinaus! Hinaus!«, befahl ich verwirrt. In diesem Augenblick begann meine Uhr zu ächzen, zischte und schlug siebenmal.

IX

Und in mein Haus zieh stolz und frei,
Du seine rechte Herrin ein!

Ich stand vor ihr, erschlagen, überführt, widerlich verlegen und lächelte, glaube ich, wobei ich mir die größte Mühe gab, die Schöße meines zottigen wattierten Schlafröckchens übereinanderzuschlagen – genauso, wie ich es mir noch kurz vorher in meiner Verzagtheit ausgemalt hatte. Apollon, nachdem er etwa zwei Minuten neben uns gestanden hatte, war nun fort, aber mir ging es nicht besser. Das Schlimmste war, dass auch sie plötzlich verlegen wurde, und zwar so, wie ich es nie erwartet hätte. Bei meinem Anblick, versteht sich.

»Setz dich«, sagte ich mechanisch und rückte für sie einen Stuhl an den Tisch, nahm aber selbst auf dem Sofa Platz. Sie setzte sich augenblicklich und gehorsam, blickte mich mit weit aufgerissenen Augen an, offensichtlich etwas Besonderes von mir erwartend. Eben diese naive Erwartung machte mich rasend, aber ich beherrschte mich.

Gerade jetzt hätte man tun sollen, als gäbe es nichts Auffallendes, als sei alles so, wie es sein müsse, sie aber … – Und ich ahnte dunkel, dass sie mir *für all dieses* teuer würde zahlen müssen.

»Du hast mich in einer sonderbaren Lage angetroffen, Lisa«, begann ich stotternd und mit dem Bewusstsein, dass man gerade so nicht hätte anfangen sollen.

»Nein, nein, du sollst nicht irgendetwas denken!«, rief ich aus, als ich bemerkte, dass sie plötzlich errötete. »Ich schäme mich nicht meiner Armut. Im Gegenteil, ich bin stolz auf meine Armut, ich bin arm, aber edel … Man kann arm und edel sein«, murmelte ich. »Übrigens … möchtest du Tee?«

»Nein …«, begann sie und stockte.

»Warte!«

Ich sprang auf und lief zu Apollon. Ich musste doch irgendwie in die Erde versinken.

»Apollon«, flüsterte ich in fieberhafter Eile und warf die sieben Rubel, die ich die ganze Zeit in der Faust gehalten hatte, vor ihn auf den Tisch. »Hier ist dein Lohn, siehst du, du bekommst ihn; aber dafür musst du mich retten: bring mir sofort aus dem nächsten Restaurant Tee und zehn Stück Gebäck. Wenn du dich weigerst, stürzt du einen Menschen ins Unglück! Du weißt nicht, was das für eine Frau ist … Sie ist – alles! Vielleicht denkst du irgendetwas … Aber du weißt nicht, was das für eine Frau ist! …«

Apollon, der schon wieder bei seiner Näharbeit war und sich schon wieder die Brille aufgesetzt hatte, schielte zuerst, ohne die Nadel aus der Hand zu legen, schweigend nach dem Geld; dann aber fuhr er fort, ohne mir die geringste Aufmerksamkeit zu schenken und mich einer Antwort zu würdigen, sich mit seinem Faden zu beschäftigen, den er immer noch einfädelte. Ich wartete ungefähr drei Minuten, vor ihm stehend, mit verschränkten Armen à la Napoleon. Auf meinen Schläfen perlte Schweiß; ich war blass, ich spürte es selbst. Aber Gott sei Dank, offensichtlich bekam er doch noch Mitleid mit mir. Nachdem er mit seinem Faden fertig war, erhob er sich langsam, schob langsam den Stuhl zurück, nahm langsam die Brille ab, zählte langsam das Geld nach, und nachdem er mich über die Schulter gefragt hatte, ob er eine ganze Portion holen solle, verließ er langsam das Zimmer. Als ich zu Lisa zurückkehrte, kam mir unterwegs ein Gedanke: einfach, so wie ich dastehe, in dem schäbigen Schlafröckchen, Reißaus zu nehmen, und dann komme, was kommen mag.

Ich setzte mich wieder hin. Sie sah mich voll Unruhe an. Einige Minuten schwiegen wir.

»Ich bringe ihn um!«, schrie ich plötzlich auf und schlug dabei mit der Faust auf den Tisch, dass die Tinte aus dem Tintenfass schwappte.

»Ach, was haben Sie?«, rief sie zusammenfahrend.

»Ich bringe ihn um, ich bringe ihn um«, kreischte ich und fuhr fort, in völliger Raserei auf den Tisch zu trommeln, in dem deutlichen Bewusstsein, dass es dumm war, derart die Fassung zu verlieren.

»Du weißt nicht, Lisa, was dieser Henker für mich bedeutet. Er ist mein Henker … Jetzt holt er Gebäck; er …«

Und plötzlich brach ich in Tränen aus. Das war ein Anfall. Beim Schluchzen fühlte ich mich äußerst unbehaglich; aber ich konnte es nicht mehr unterdrücken.

Sie erschrak.

»Was haben Sie nur!«, rief sie immer wieder erregt aus, indem sie sich um mich bemühte.

»Wasser, gib mir Wasser, da!«, murmelte ich mit schwacher Stimme, wobei ich mir allerdings durchaus bewusst war, dass ich auch sehr gut ohne Wasser auskommen konnte und nicht mit versagender Stimme zu sprechen brauchte. Aber ich *stellte mich an*, wie man es nennt, um die Lage zu retten, obwohl der Anfall auch echt war.

Sie reichte mir Wasser, indem sie mich ratlos ansah. In diesem Augenblick brachte Apollon den Tee. Und plötzlich schien mir, dass dieser gewöhnliche und prosaische Tee nach allem Vorgefallenen furchtbar unanständig und kläglich war, und ich errötete. Lisa betrachtete Apollon sogar ängstlich. Er ging wieder hinaus, ohne uns eines Blickes zu würdigen.

»Lisa, verachtest du mich?«, fragte ich. Ich starrte sie an, zitternd vor Ungeduld zu erfahren, was sie dachte.

Sie wurde verlegen und wusste nichts zu antworten.

»Trink den Tee«, sagte ich böse. Ich wütete gegen mich, aber natürlich musste sie dafür herhalten. Ein schrecklicher Zorn auf sie kochte plötzlich in meinem Herzen; am liebsten hätte ich sie totgeschlagen, glaube ich. Um mich an ihr zu rächen, schwor ich mir in Gedanken, die ganze Zeit über kein Wort mit ihr zu sprechen. ›Sie ist doch an allem schuld‹, dachte ich.

Unser Schweigen hielt schon etwa fünf Minuten an. Der Tee stand auf dem Tisch; wir hatten noch nichts getrunken: ich war schon so weit, dass ich absichtlich nicht anfangen wollte, um sie noch mehr in Verlegenheit zu bringen; sie aber konnte sich doch nicht zuerst einschenken. Sie sah mich einige Male traurig und verständnislos an. Ich schwieg unnachgiebig. Natürlich war ich selbst der größte Märtyrer, denn ich war mir der widerlichen Niedertracht meiner boshaften Dummheit vollkommen bewusst, zugleich aber konnte ich mich nicht beherrschen.

»Ich will ... dort ... ganz fortgehen«, begann sie schließlich, um das Schweigen irgendwie zu brechen. Die Arme! Gerade davon hätte man in einem ohnehin schon so dummen Augenblick, zu einem ohnehin so dummen Menschen, wie ich es war, nicht anfangen sollen. Sogar mein Herz zog sich zusammen vor Mitleid mit ihrer Unbeholfenheit und überflüssigen Offenheit. Aber etwas Scheußliches erwürgte in mir sofort das ganze Mitleid, ja, es reizte mich noch mehr auf; mag doch die ganze Welt untergehen! Es vergingen weitere fünf Minuten.

»Habe ich Sie vielleicht gestört?«, fragte sie schüchtern, kaum hörbar, und wollte sich erheben.

Kaum aber sah ich diesen ersten Funken gekränkter Würde, als ich vor Bosheit förmlich zu zittern begann und es sofort mit mir durchging.

»Wozu bist du eigentlich zu mir gekommen, kannst du es mir bitte sagen?«, begann ich keuchend und ohne auf die logische Ordnung in meinen Reden zu achten. Ich wollte alles mit einem Mal aussprechen, in einem Zug; da war es egal, womit ich anfing.

»Warum bist du gekommen? Antworte! Antworte!«, rief ich wie von Sinnen. »Ich werde dir sagen, Mütterchen, warum du gekommen bist. Du bist gekommen, weil ich damals zu dir *gefühlvoll* gesprochen habe. Das passte dir, und es hat dich wieder nach ›Gefühlen‹ gelüstet. Aber du sollst wissen, wissen, dass ich mich damals über dich lustig gemacht habe, und auch jetzt mache ich mich über dich lustig. Warum zitterst du? Ja, ich machte mich lustig, man hatte mich vorher beim Diner beleidigt. Diese anderen, die damals kurz vor mir gekommen waren. Ich aber fuhr zu euch, um einen von ihnen, den Offizier, zu verprügeln; das klappte nicht, ich traf ihn nicht mehr; ich musste aber die Wut an irgendjemandem auslassen, zu meinem Recht kommen, da bist du mir über den Weg gelaufen, und so ließ ich denn meine Wut an dir aus und trieb meinen Spott mit dir. Man hatte mich erniedrigt, so wollte auch ich erniedrigen; man hatte mich wie einen Putzlumpen behandelt, so wollte auch ich meine Macht zeigen ... Das war es. Du aber glaubtest, dass ich allein deshalb gekommen sei, um dich zu retten, nicht wahr? Hast du das gedacht? Hast du das gedacht?«

Ich wusste, dass sie vielleicht nicht alles erfassen und die Einzelheiten nicht verstehen würde, gleichzeitig wusste ich, dass sie das Wesentliche vorzüglich verstehen würde. So kam es auch. Sie wurde kreideweiß, wollte etwas sagen, ihre Lippen verzogen sich schmerzlich; plötzlich sank sie wie von einem Schlag getroffen auf den Stuhl zurück. Und die ganze Zeit darauf hörte sie mir mit offenem Mund zu, mit weit aufgerissenen Augen, zitternd vor Angst. Der Zynismus, der Zynismus meiner Worte erdrückte sie ...

»Retten!«, fuhr ich fort, indem ich aufsprang und vor ihr im Zimmer auf und ab rannte. »Wovor denn retten? Ich bin ja selbst vielleicht schlimmer als du. Warum bist du mir denn nicht übers Maul gefahren, als ich dir die Leviten las:

›Wozu bist du denn zu uns gekommen, etwa um uns Moral zu predigen?‹ – Nach Macht gelüstete es mich damals, nach Macht, nach Spiel, deine Tränen wollte ich, deine Erniedrigung, die Hysterie – das brauchte ich damals! Ich bin ja damals selbst weich geworden, denn ich bin ein Schlappschwanz. Ich bekam Angst und gab dir aus Dummheit, weiß der Teufel wozu, meine Adresse. Später aber, noch unterwegs, bedachte ich dich wegen dieser Adresse mit allen Flüchen der Welt. Schon damals begann ich dich zu hassen, denn ich hatte dich belogen. Ich will nämlich nur in Worten spielen, nur im Kopf träumen, in Wirklichkeit aber brauche ich, weißt du was: dass euch der Teufel holt, das brauche ich! Ich will meine Ruhe haben. Ich würde ja dafür, dass man mich nicht belästigt, die ganze Welt sofort für eine Kopeke verkaufen. Soll die Welt untergehen, oder soll ich jetzt keinen Tee trinken? Ich sage, die Welt mag untergehen, ich aber will immer meinen Tee trinken. Wusstest du das oder nicht? Nun, ich aber weiß, dass ich ein gemeiner Kerl, ein Schuft, ein Egoist, ein Faulpelz bin. Diese drei Tage habe ich vor Angst gezittert, du könntest kommen. Weißt du aber auch, was mich in diesen drei Tagen am meisten beunruhigt hat? Am meisten, dass ich mich damals vor dir wie ein Held aufgeführt habe, du mich aber hier in meinem schäbigen Schlafröckchen sehen würdest, bettelarm und ekelhaft. Ich sagte dir vorhin, dass ich mich meiner Armut nicht schäme; du sollst wissen, dass ich mich schäme, mich ihrer am meisten schäme, mich ihretwegen am meisten fürchte, mehr, als wenn ich ein Dieb wäre, denn ich bin so eitel, als hätte man mir die Haut abgezogen, und schon der bloße Luftzug verursacht mir Schmerz. Solltest du wirklich auch jetzt noch nicht auf den Gedanken kommen, dass ich dir niemals verzeihen werde, dass du mich in diesem Schlafröckchen angetroffen hast, als ich mich wie ein bösartiger Kläffer auf Apollon stürzte? Der Erlöser, der einstige Held, stürzt sich wie ein räudiger, zottiger Kläffer auf seinen Diener, und der lacht ihn aus! Und die Tränen vorhin, die ich vor dir wie ein beschämtes Weib nicht verbergen konnte, die werde ich dir niemals verzeihen! Und alles das, was ich dir jetzt gestehe, werde ich *dir* gleichfalls nie verzeihen! Ja – du, du allein musst dafür büßen, weil du mir über den Weg gelaufen bist, weil ich ein Schuft bin, weil ich der gemeinste, der lächerlichste, der kleinlichste, der dümmste, der neidischste Wurm aller Erdenwürmer bin, die keineswegs besser sind als ich, die aber, weiß der Teufel, woher das kommt, niemals verlegen sind; ich aber werde mein ganzes Leben von jeder Laus einen Nasenstüber einstecken müssen, das ist nun einmal mein Los! Was geht es mich an, dass du das alles nicht begreifst! Und was, was, was gehst du mich an, und was geht es mich an, ob du dort zugrunde gehst oder nicht? Begreifst du denn auch, wie ich dich jetzt, nachdem ich das alles vor dir ausgesprochen habe, dafür hassen werde, dass du hier gewesen bist und zugehört hast? So spricht der Mensch nur ein einziges Mal im Leben, und auch das nur in einem hysterischen Anfall! Was willst du noch? Wozu hockst du denn noch immer vor mir, quälst mich, warum gehst du nicht?«

Und da geschah plötzlich etwas Sonderbares.

Ich war dermaßen gewöhnt, wie nach einem Buch zu denken und zu träumen und mir die ganze Welt so vorzustellen, wie ich sie mir in meiner Phantasie vorher zurechtgelegt hatte, dass ich damals dieses Sonderbare zunächst gar nicht begriff. Es geschah aber Folgendes: Lisa, diese von mir gekränkte und verwundete Lisa, begriff weit mehr, als ich mir eingebildet hatte. Sie begriff trotz allem, was eine Frau, wenn sie nur aufrichtig liebt, immer als Erstes begreift, nämlich: dass ich selbst unglücklich war.

Der Ausdruck des Schreckens und der Kränkung in ihrem Gesicht war zunächst einem schmerzlichen Staunen gewichen. Als ich mich aber einen Schuft und Schurken nannte und mir die Tränen kamen (diese ganze Tirade brachte ich unter Tränen hervor), da zuckte ihr Gesicht wie in einem Krampf. Sie wollte aufstehen, mich unterbrechen; als ich verstummte, dachte sie nicht an mein Schreien: »Warum hockst du hier, warum gehst du nicht?«, sondern sah nur, dass es mir selbst sehr schwerfallen musste, das alles auszusprechen. Zudem war sie so eingeschüchtert, die Arme; sie hielt sich für unendlich tief unter mir stehend; wie sollte sie sich erbosen, sich beleidigt fühlen? Plötzlich, wie von einem unbezwinglichen Gefühl getrieben, zu mir hindrängend, sprang sie vom Stuhl auf, aber immer noch unsicher und ohne sich von der Stelle zu wagen, und streckte mir ihre Hände entgegen ... Da drehte sich auch mein Herz um. Dann stürzte sie plötzlich auf mich zu, schlang ihre Arme um meinen Hals und brach in Tränen aus. Auch ich hielt es nicht mehr aus und schluchzte, wie ich noch nie geschluchzt hatte.

»Man lässt mich nicht ... ich kann nicht ... gut sein!«, stammelte ich, ging zum Sofa, warf mich nieder und schluchzte eine Viertelstunde in einem wirklichen hysterischen Anfall. Sie schmiegte sich an mich, umfasste mich und erstarb in dieser Umarmung.

Der Witz dabei aber war, dass das Weinen doch einmal ein Ende nehmen musste. Und nun (ich will die ekelhafte

Wahrheit niederschreiben), als ich noch schluchzend auf dem Sofa lag, das Gesicht fest an mein schäbiges Lederkissen gepresst, begann ich allmählich, zuerst ganz von ferne, unwillkürlich, aber unaufhaltsam zu fühlen, dass es mir jetzt doch peinlich sein würde, den Kopf zu erheben und Lisa direkt in die Augen zu sehen. Weswegen schämte ich mich? – Ich weiß es nicht, aber ich schämte mich. Und dann tauchte in meiner Erregung auch noch der Gedanke auf, dass die Rollen nun endgültig vertauscht waren, dass sie jetzt die Heldin war, ich aber ein ebenso erniedrigtes und zerstörtes Geschöpf wie sie in jener Nacht – vor vier Tagen ... Und dies alles ging mir bereits in jenen Minuten durch den Sinn, während ich mit dem Gesicht auf dem Sofa lag.

Mein Gott, sollte ich sie denn wirklich damals beneidet haben?

Ich weiß es nicht, bis heute kann ich es noch nicht entscheiden, damals aber begriff ich es noch weniger als jetzt. Ohne Macht und ohne Tyrannei über einen anderen kann ich nicht leben ... Aber ... aber durch Überlegungen lässt sich ja nichts erklären, folglich sollte man auch weiter nicht überlegen.

Ich überwand mich schließlich doch und hob den Kopf; einmal musste es ja geschehen ... Und da, ich bin heute noch fest davon überzeugt, dass es so kam, gerade weil ich mich vor ihr schämte, regte sich in meinem Herzen plötzlich ein anderes Gefühl ... die Gier nach Macht und Besitz. In meinen Augen flackerte die Leidenschaft, und ich drückte fest ihre Hände. Wie hasste ich sie, und wie zog es mich in diesem Augenblick zu ihr hin! Die eine Empfindung steigerte die andere. Es war fast wie Rache! ... Auf ihrem Gesicht zeigte sich zuerst Verblüffung, beinahe sogar Angst, doch nur für einen Augenblick. Sie umarmte mich voller Hingabe und Leidenschaft.

X

Eine Viertelstunde später rannte ich in wütender Ungeduld im Zimmer auf und ab, lief immer wieder zum Wandschirm und spähte durch einen Spalt nach Lisa. Sie saß auf dem Fußboden, den Kopf an den Bettrand gelehnt und weinte, wie es schien. Aber sie ging nicht, und das war es, was mich so reizte. Nun wusste sie alles. Ich hatte sie im Tiefsten beleidigt, aber ... dazu ist nichts mehr zu sagen. Sie hatte erraten, dass der Ausbruch meiner Leidenschaft Rache war, eine neue Erniedrigung ihrer Person, und dass zu meinem ursprünglichen, beinahe grundlosen Hass jetzt ein persönlicher, neidischer Hass hinzugekommen war ... Übrigens will ich nicht behaupten, sie hätte das alles vollkommen klar verstanden; dafür aber hatte sie verstanden, dass ich ein ekelhafter Mensch war und vor allem nicht fähig, sie zu lieben.

Ich weiß, man wird mir einwenden, das sei unwahrscheinlich – es sei unwahrscheinlich, so böse, so dumm zu sein, wie ich es war; man wird vielleicht auch hinzufügen, es sei doch unmöglich gewesen, sie nicht zu lieben oder eine solche Liebe nicht wenigstens zu würdigen. Warum sollte es unwahrscheinlich sein? Erstens konnte ich schon gar nicht mehr lieben, denn, ich wiederhole, Liebe bedeutet für mich Tyrannei und moralische Überlegenheit. Mein ganzes Leben lang habe ich mir keine andere Liebe vorstellen können und bin so weit gekommen, dass ich jetzt zuweilen denke, die Liebe bestehe gerade in einem von dem geliebten Wesen freiwillig zugestandenen Recht, es zu beherrschen. Auch in meinen Kellerlochträumen habe ich mir die Liebe nie anders als einen Kampf vorgestellt, habe sie stets mit Hass begonnen und mit moralischer Unterwerfung gekrönt; dann aber war es mir unmöglich, mir auch nur im Entferntesten vorzustellen, was man mit dem besiegten Wesen noch hätte anfangen können. Und was kann denn da unwahrscheinlich sein, wenn es mir schon gelungen war, mich so weit mit mir zu entzweien, mich so weit des ›lebendigen Lebens‹ zu entwöhnen, dass ich sie mit dem Vorwurf beschämen wollte, sie sei gekommen, um von ›Gefühlen‹ zu hören; ich selbst kam nicht auf den Gedanken, dass sie überhaupt nicht der Gefühle wegen gekommen war, sondern um mich zu lieben, denn für die Frau liegt die ganze Auferstehung in der Liebe, die ganze Rettung, einerlei von welchem Verderben, und die ganze Wiedergeburt, die sich ja auch in nichts anderem offenbaren kann als gerade in ihr. Übrigens hasste ich sie gar nicht so sehr, als ich im Zimmer auf und ab lief und durch die Spalte des Wandschirms spähte. Es war mir nur unerträglich, dass sie hier war. Ich wollte sie forthaben. Ich wünschte ›Ruhe‹, ich wünschte das Alleinsein im Kellerloch. Das ungewohnte ›lebendige Leben‹ erdrückte mich dermaßen, dass mir sogar das Atmen schwerfiel.

Aber es vergingen noch etliche Minuten, sie erhob sich immer noch nicht, als hätte sie alles um sich vergessen. Ich besaß die Gewissenlosigkeit, leicht an den Wandschirm zu klopfen, um sie zu erinnern ... Sie fuhr erschrocken zusammen, sprang hastig auf und suchte eilig ihr Tuch, ihr

Hütchen, ihren Pelz zusammen, als wollte sie vor mir fliehen … Nach zwei Minuten trat sie langsam hinter dem Schirm hervor und sah mich mit einem schweren Blick an. Ich grinste boshaft, übrigens absichtlich, *anstandshalber*, und wich ihrem Blick aus.

»Leben Sie wohl«, sagte sie und ging zur Tür.

Da lief ich auf sie zu, nahm ihre Hand, öffnete sie, drückte etwas hinein … und schloss dann die Finger wieder. Darauf wandte ich mich sofort um und floh in die andere Ecke des Zimmers, um wenigstens nichts zu sehen …

Eben, in dieser Minute, wollte ich lügen – ich wollte schreiben, dass ich dies aus Versehen, halb bewusstlos, in Verwirrung, aus Kopflosigkeit getan hätte; ich will aber nicht lügen, und darum sage ich jetzt offen, dass ich ihre Hand geöffnet und etwas hineingesteckt habe … aus Bosheit. Ich kam darauf, als ich im Zimmer auf und ab lief und sie hinter dem Wandschirm saß. Eines jedoch kann ich mit Bestimmtheit sagen: ich beging diese Grausamkeit, wenn auch absichtlich, doch nicht mit dem Herzen, sondern mit dem Kopf. Diese Grausamkeit war dermaßen gekünstelt, dermaßen ausgeklügelt, willkürlich ausgedacht, *literarisch*, dass ich selbst es nicht einen Augenblick aushalten konnte – zuerst sprang ich in die Ecke, um nichts zu sehen, dann aber, voll Scham und Verzweiflung, stürzte ich Lisa nach. Ich öffnete die Tür in den Flur und lauschte.

»Lisa, Lisa!«, rief ich durchs Treppenhaus, aber zaghaft, halblaut.

Es kam keine Antwort, ich glaubte, dass ich ihre Schritte unten auf der Treppe hörte.

»Lisa!«, rief ich lauter.

Keine Antwort.

Aber im gleichen Augenblick hörte ich von unten, dass die schwere verglaste Haustür sich quietschend öffnete und mit dumpfem Krach zuschlug. Das Treppenhaus dröhnte.

Sie war fort. Nachdenklich kehrte ich in mein Zimmer zurück. Furchtbar schwer war mir zumute.

Ich blieb am Tisch stehen, neben dem Stuhl, auf dem sie gesessen hatte, und starrte gedankenverloren vor mich hin. Es war ungefähr eine Minute vergangen, als ich plötzlich zusammenfuhr: gerade vor mir auf dem Tisch sah ich ... kurz, ich sah einen zerknitterten blauen Fünfrubelschein, denselben, den ich ihr vor einer Minute in die Hand gedrückt hatte. Es war *derselbe* Schein, ein anderer hätte es gar nicht sein können, es gab keinen anderen in der ganzen Wohnung. Also hatte sie noch Zeit gefunden, ihn auf den Tisch zu werfen, in dem Augenblick, als ich in die Ecke sprang.

Und nun? Ich hätte ja erwarten können, dass sie es tun würde. Hätte ich es erwarten können? Nein. Ich war so sehr Egoist, achtete die Menschen im Grunde so gering, dass ich nie darauf gekommen wäre, sie könnte so handeln. Das ertrug ich nicht. Im nächsten Augenblick fuhr ich wie ein Wahnsinniger in meine Kleider, warf mir das erste Beste über, was mir unter die Hände kam, und stürzte atemlos ihr nach. Sie konnte noch keine zweihundert Schritte gegangen sein, als ich auf die Straße hinauslief.

Es war ganz still, schwere dichte Schneeflocken fielen fast senkrecht zur Erde und legten das Trottoir und die leere Straße mit einem Polster aus. Kein Mensch, kein Laut. Traurig und unnütz flimmerten die Laternen. Ich lief etwa zweihundert Schritte bis zur Kreuzung und blieb dann stehen. – Wohin ist sie gegangen? Und wozu laufe ich ihr nach? Wozu? Um vor ihr niederzuknien, in Reue zu weinen, ihre Füße zu küssen, Vergebung zu erflehen! Das wollte ich: meine Brust drohte zu zerspringen, und niemals, niemals werde ich dieses Augenblicks gleichgültig gedenken können. Aber – wozu?, dachte ich. Werde ich sie denn nicht vielleicht morgen schon hassen, gerade deshalb, weil ich ihr heute die Füße geküsst habe? Werde ich ihr denn das Glück bringen? Habe ich heute nicht wieder zum hundertsten Male gesehen, was ich wert bin? Werde ich sie nicht zugrunde richten? Ich stand im Schnee, spähte in die trübe Dunkelheit und dachte darüber nach.

›Und ist es nicht besser, ist es nicht besser‹, grübelte ich, wieder zu Hause, später, indem ich mit Phantasien den lebendigen inneren Schmerz zu betäuben suchte, ›ist es nicht besser, dass sie nun die Kränkung ewig mit sich trägt? Kränkung – das ist doch Läuterung; das ist das ätzendste und schmerzendste Bewusstsein! Morgen schon würde ich ihre Seele durch mich verunreinigt und ihr Herz ermüdet haben. Die Beleidigung aber wird niemals in ihr erlöschen, und wie ekelhaft auch der Sumpf sein mag, der sie erwartet, die Beleidigung wird sie erheben und läutern ... durch den Hass ... hm! ... vielleicht auch durch die Vergebung ... Aber übrigens, wird ihr denn davon leichter?‹

In der Tat: jetzt möchte ich eine müßige Frage stellen: was ist besser – billiges Glück oder erhabenes Leid? Nun also, was ist besser?

So war es mir, als ich an jenem Abend bei mir zu Hause saß, halb tot vor seelischem Schmerz. Niemals noch hatte ich so viel Leid und Reue durchgestanden; aber hätte der geringste Zweifel bestehen können, als ich aus der Wohnung stürzte, dass ich nicht auf halbem Wege umkehren und zurückkommen würde? Lisa habe ich nie mehr wiedergesehen und auch nie mehr etwas von ihr gehört. Ich möchte noch hinzufügen, dass ich mich mit der *Phrase* vom Nutzen der Kränkung und des Hasses lange zufriedengegeben habe, obgleich ich damals vor Gram beinahe selbst krank wurde.

Selbst heute noch, nach so vielen Jahren, kommt mir dies alles irgendwie *übel* vor. Manches kommt mir jetzt übel vor, aber ... sollte ich nicht hier meine »Aufzeichnungen« abbrechen? Ich glaube, es war ein Fehler, dass ich sie überhaupt begonnen habe. Wenigstens habe ich mich während des Schreibens dieser *Novelle* die ganze Zeit geschämt: also ist es nicht mehr Literatur, sondern Korrektionsstrafe. Denn lange Geschichten darüber erzählen, wie ich das Leben verfehlt habe durch moralische Zersetzung in meinem Winkel, durch Mangel einer Außenwelt, durch Entwöhnung von allem Lebendigen und durch sorgfältig gepflegte Bosheit im Kellerloch – das ist bei Gott wenig unterhaltend; ein Roman verlangt einen Helden, hier aber sind *absichtlich* alle Eigenschaften eines Anti-Helden zusammengetragen, vor allen Dingen wird das Ganze einen äußerst unangenehmen Eindruck hervorrufen, haben wir uns doch alle des Lebens entwöhnt, alle hinken wir, der eine mehr, der andere weniger. Haben wir uns doch so sehr entwöhnt, dass uns mitunter vor dem wirklichen ›lebendigen Leben‹ beinahe Ekel erfasst, und darum können wir es nicht ausstehen, wenn wir an das Leben erinnert werden. Sind wir doch so weit gekommen, dass wir das wirkliche lebendige Leben beinahe für Arbeit, fast für einen Frondienst halten und im Geheimen uns vollkommen einig sind, dass es im Buche besser steht. Und warum zappeln wir uns zuweilen ab, warum gebärden wir uns wie toll, worum betteln wir? Das wissen wir selbst nicht. Es würde uns zu unserem eigenen Schaden gereichen, wenn unsere Grillen in Erfüllung gingen. Nun, probieren Sie es, geben Sie uns, meinetwegen, größere Selbständigkeit, Ellenbogenfreiheit, erweitern Sie das Tätigkeitsfeld, lockern Sie die Bevormundung, und wir ... aber ich versichere Ihnen: wir werden sofort wieder um Bevormundung betteln. Ich kann mir denken, dass Sie vielleicht über diese Behauptung ungehalten sein werden, dass Sie schreien und mit den Füßen stampfen werden: »Reden Sie von sich und von Ihrem Kellerloch-Elend, aber unterstehen Sie sich, ›*wir alle*‹ zu sagen.« Erlauben Sie, meine Herrschaften, ich will mich durchaus nicht etwa durch dieses ›*Wir alle*‹ rechtfertigen. Was mich im Besonderen angeht, so habe ich in meinem Leben lediglich das bis zum Äußersten gewagt, was Sie nicht einmal bis zur Hälfte gewagt haben, wobei Sie Ihre Feigheit auch noch für Einsicht hielten und sich trösteten, indem Sie sich selbst betrogen. Also stellt sich heraus, dass ich zu guter Letzt noch ›lebendiger‹ bin als Sie, meine Herrschaften. Sehen Sie doch genau hin! Wir wissen ja nicht einmal, wo das Lebendige jetzt lebt, was es ist, wie es heißt! Lasst uns allein, ohne Buch, und wir werden sofort irre, unschlüssig – wissen nicht wohin, an wen uns halten, was lieben und hassen, was achten und was verachten! Es ist uns ja sogar lästig, Mensch zu sein – ein Mensch mit wirklichem *eigenen* Fleisch und Blut; wir schämen uns dessen, halten es für eine Schmach und trachten lieber danach, irgendwelche phänomenale Allgemeinmenschen zu sein. Wir sind Totgeborene, werden wir doch schon lange nicht mehr von lebendigen Vätern gezeugt, und das gefällt uns immer besser und besser. Wir bekommen Geschmack daran. Bald werden wir so weit sein, dass wir von einer Idee gezeugt werden. Aber genug – ich habe keine Lust mehr, ›aus dem Kellerloch‹ zu schreiben …

Übrigens sind hier die Aufzeichnungen dieses paradoxen Menschen noch nicht zu Ende. Er konnte es nicht lassen und setzte sie fort. Aber auch uns will scheinen, dass man hier ohne weiteres aufhören kann.

Anmerkungen

Erster Teil

10,30 *des Schönen und Erhabenen:* Die Begriffe hatten in der deutschen Ästhetik des 18. Jahrhunderts (Kant, Schiller) eine wichtige Rolle gespielt und waren zwischen 1830 und 1850 von der russischen Literaturkritik in der Diskussion um eine Ästhetik der ›reinen Kunst‹ aufgenommen worden.

15,20 *homme de la nature et de la vérité:* (frz.) ›Mensch von Natur und Wahrheit‹. Die Formulierung geht auf Jean-Jacques Rousseau (1712–1778) zurück: »Je veux montrer à mes semblables un homme dans toute la vérité de la nature; et cet homme, ce sera moi« (*Confessions*, 1. Buch). – »Ich will vor meinesgleichen einen Menschen in aller Wahrheit der Natur zeichnen, und dieser Mensch werde ich sein« (*Bekenntnisse*, übers. von Ernst Hardt, Berlin 1907). Heinrich Heine hatte in *De l'Allemagne* (Nouvelle Edition, Paris 1855, Bd. 2, 10. Teil) behauptet, es sei noch niemandem gelungen, eine aufrichtige Autobiographie zu schreiben, am wenigsten Rousseau, »qui tout en s'appelant l'homme de la vérité et de la nature, n'était au fond pas moins mensonger et dénaturé que les autres«. – »der sich den Mann der Wahrheit und der Natur nannte, während er doch im Grunde viel verlogener und unnatürlicher war als seine Zeitgenossen«. (*Sämtliche Werke II*. München 1969). Dostojewskij war diese Äußerung Heines bekannt (s. S. 53).

26,23 *Maler Gay:* Nikolaj Nikolajewitsch Gay (1831–1894), russischer Maler französischer. Herkunft, ist für seine realistische Darstellung historischer und biblischer Szenen bekannt. Dostojewskijs ironische Polemik richtet sich gegen dessen ›Genrebild‹ »Das heilige Abendmahl« (1863); vgl. *Tagebuch eines Schriftstellers* (1873, Kapitel IX).

30,29–31 *mit Buckle … kriegslustig:* Henry Thomas Buckle (1821–1862), englischer Kulturhistoriker, hatte diese Ansicht in seinem Werk *History of Civilisation in England* (1857) vertreten.

31,10 f. *Napoleon ... den jetzigen:* Auch Napoleon III. (1808–1873) war an zahlreichen Kriegen innerhalb und außerhalb Europas beteiligt.

31,11 f. *Nordamerika, die ewige Union:* Der Sezessionskrieg zwischen den Nord- und den Südstaaten der USA (1861–65) hatte die Union an den Rand des Zerfalls gebracht.

31,12 f. *Karikatur Schleswig-Holstein:* Gemeint ist der Krieg Preußens und Österreichs mit Dänemark um Schleswig-Holstein (1864).

31,22 *Stenka Rasins:* Stepan Timofejewitsch (Stenka) Rasin (um 1630–1671) war der Anführer des Kosaken- und Bauernaufstandes (1667–71), er wurde 1671 hingerichtet.

33,17 *Kristallpalast:* Dostojewskij hatte auf seiner ersten Europareise den 1851 für die Weltausstellung in London errichteten Kristallpalast gesehen. Zur Utopie des »Kristallpalastes« im Folgenden vgl. das Nachwort zu dieser Ausgabe.

39,16 f. *Schleswig-Holsteinischen Periode der Menschheitsgeschichte:* vgl. Anm. zu 31,12 f.

42,9 *Troglodytentum:* Als Troglodyten (Höhlenbewohner) bezeichneten etwa antike Autoren wie Herodot, Strabon, Plinius der Ältere oder Aristoteles auf niedrigerer Entwicklungsstufe als der eigenen stehende Ethnien.

44,16 *aux animaux domestiques:* (frz.) den Haustieren.

45,21 *Calembourg:* Kalauer, Wortspiel.

46,17 *Vaudevilles:* Theaterstücke leichteren Stils mit eingelegten Gesangsstücken (Couplets).

48,23 *Zahnarztes Wagenheim:* Im Petersburg der sechziger Jahre praktizierten zahlreiche Zahnärzte dieses Namens.

53,2–4 *Heine ... Unmögliches:* vgl. Anm. zu 15,20.

Zweiter Teil

55,20 *N. A. Nekrassow:* Nikolaj Alexejewitsch Nekrassow (1821–1878), russischer Lyriker des Realismus, auf den sich Dostojewskij mehrfach bezieht.

59,9 *Préférence:* Kartenspiel mit 32 Karten (in der Regel französisches

Blatt), das vor allem in Österreich und Osteuropa bis heute sehr beliebt ist.

59,26 *Kostanschoglo … Pjotr Iwanowitsch:* Im zweiten Teil der *Toten Seelen* (1855) zeichnet Nikolaj Gogol (1809–1852) ein positives Gegenbild zu den satirischen Gutsherrenporträts des ersten Teils. Kostanschoglo ist der Typ des ›idealen‹ pflichtbewussten, ökonomisch denkenden Gutsbesitzers. – Pjotr Iwanowitsch Adujew aus Iwan Gontscharows (1812–1891) *Alltäglicher Geschichte* (1847) ist der Prototyp eines Pragmatikers und erfolgreichen Unternehmers.

61,3 f. *König von Spanien:* Der ›Held‹ in Gogols *Aufzeichnungen eines Verrückten* (1835), Poprischtschin, bildet sich ein, »König von Spanien« zu sein.

63,16 *Queues:* Billardstöcke.

65,3 *Leutnant Pirogow bei Gogol:* Der Leutnant Pirogow in Gogols Erzählung *Der Newskij-Prospekt* (1835) stellt einer Frau nach, wird vom beleidigten Ehemann verprügelt und will sich beim General beschweren.

65,16 *Marqueur:* Der Marqueur (engl. marker), ein mittlerweile ausgestorbener Beruf, notierte die Punkte der einzelnen Mitspieler, klärte in Zweifelsfällen die Spielregeln, setzte die Kugeln auf oder servierte sogar Getränke. Da der Marqueur außer Kost und Schlafgelegenheit in der Regel nichts verdiente, war er auf Trinkgeld angewiesen.

65,17 *finnigen:* pickligen; Finnen: Pickel, Aknepustel, Mitesser.

66,26 *Vaterländischen Annalen:* die einflussreiche literarisch-politische Zeitschrift *Vaterländische Annalen*, 1839 bis 1867 von Andrej Krajewskij, ab 1868 von Nikolaj Nekrassow und Michail Saltykow-Schtschedrin herausgegeben, für die neben den Herausgebern und Dostojewskij selbst u. a. Alexander Herzen (1812–1870), Michail Lermontow (1814–1841) und Iwan Turgenjew (1818–1883) Beiträge schrieben.

67,23 *Newskij-Prospekt:* 4,5 km lange Prachtstraße im historischen Zentrum Sankt Petersburgs, die das Alexander-Newskij-Kloster im Osten und die Admiralität, Herberge der Marine, im Westen der Stadt verbindet.

75,27 *Manfred:* Hauptgestalt des gleichnamigen Dramas (1817) von George Gordon Lord Byron (1788–1824); Inbegriff des ›schuldigen‹, stolzen und einsamen romantischen Helden.

76,1 f. *Papst ... Villa Borghese:* Der historische Hintergrund: Papst Pius VII. (1800–23) hielt sich 1809 bis 1814 nicht in Rom, sondern als Gefangener Napoleons im Exil auf. – Die Villa Borghese in Rom befand sich zu dieser Zeit im Besitz des Fürsten Camillo Borghese (1775–1832), der, seit 1803 mit Napoleons Schwester Pauline (1780–1825) verheiratet, für seine verschwenderischen Feste bekannt war.

77,18 *Akzise:* eine Vorform der Verbrauchsteuer, die auf verschiedene Güter erhoben wurde; besonders einträglich war die Getränkesteuer.

80,21 f. *Offiziersepauletten:* Schulterbesatz an Offiziersuniformen, der, abgesehen von seiner Funktion als schmückendes Statussymbol, meist auch den Dienstgrad angab.

80,29 *droit de seigneur:* (frz.) Herrenrecht; gemeint ist das mittelalterliche Recht des Feudalherrn, die erste Nacht mit der Braut zu verbringen (lat. *ius primae noctis*); in Wirklichkeit wurde dieser Akt wohl allerhöchstens symbolisch bzw. durch die Zahlung einer Heiratssteuer vollzogen. Im 19. Jahrhundert wurde dieser angebliche Brauch zur erotischen Fantasie aufgebauscht.

110,9 *Silvio:* Gemeint ist Alexander Puschkins (1799–1837) Erzählung *Der Schuss* (1830), in der der Held Silvio am Ende auf seine Rache verzichtet.

116,19 *sechs Werschki:* Plural von *Werschok*; das russische Längenmaß entspricht 4,4 cm.

144,3 f. *Und in mein Haus ... ein!:* Schlussverse des dem zweiten Teil der *Aufzeichnungen* vorangestellten Gedichtes von Nekrassow (vgl. Anm. zu 55,20).

166,13 f. *Korrektionsstrafe:* anders als die Kriminalstrafe eine Strafe, die zur Besserung führen soll.

Nachwort

Fjodor Michailowitsch Dostojewskij (1821–1881) schrieb die *Aufzeichnungen aus dem Kellerloch* im Herbst 1863 nach der Rückkehr von seiner zweiten Westeuropa-Reise. Von Januar 1864 an erschienen sie in der neuen Literaturzeitschrift *Epocha*, die sein Bruder Michail herausgab.

Für die Aufnahme der Werke Dostojewskijs in Deutschland war von großer Bedeutung, dass Friedrich Nietzsche sie rühmte. Und es sind gerade die *Aufzeichnungen* gewesen, die Nietzsche auf den Schriftsteller Dostojewskij aufmerksam gemacht haben.

Nietzsche schrieb am 23. Februar 1887, ein Jahr, bevor die Krankheit seinen Geist für immer verdunkelte, aus Nizza an seinen Freund Franz Overbeck:

> Von Dostojewskij wußte ich vor wenigen Wochen auch selbst den Namen nicht [...]. Ein zufälliger Griff in einem Buchladen brachte mir das eben ins Französische übersetzte Werk *L'esprit souterrain* unter die Augen [...]. Der Instinkt der Verwandtschaft (oder wie soll ich's nennen?) sprach sofort, meine Freude war außerordentlich.[2]

Am 7. März 1887 wiederholte Nietzsche seinem Freund und Mitarbeiter Peter Gast gegenüber die gemachte Erfahrung und schilderte seine weiteren Entdeckungen:

2 Friedrich Nietzsche, Brief an Franz Overbeck, 23. Februar 1887, in: F. N., *Werke in drei Bänden*, München 1954, Bd. 3, S. 1249.

Mit Dostojewskij ist es mir gegangen wie früher mit Stendhal: die zufälligste Berührung, ein Buch, das man in einem Buchladen aufschlägt, Unbekanntschaft bis auf den Namen – und der plötzlich redende Instinkt, hier einem Verwandten begegnet zu sein.

Bis jetzt weiß ich noch wenig über seine Stellung, seinen Ruf, seine Geschichte: er ist 1881 gestorben. In seiner Jugend war er schlimm daran: Krankheit, Armut, bei vornehmer Abkunft; mit 27 Jahren zum Tode verurteilt, auf dem Schafott noch begnadigt, dann 4 Jahre Sibirien, in Ketten, inmitten schwerer Verbrecher. Diese Zeit war entscheidend: er entdeckte die Kraft seiner psychologischen Intuition, mehr noch, sein Herz versüßte und vertiefte sich dabei – sein Erinnerungs-Buch an diese Zeit »*La maison des morts*« ist eines der »menschlichsten Bücher«, die es gibt. Was ich zuerst kennenlernte, eben in französischer Übersetzung erschienen, heißt *L'esprit souterrain*, zwei Novellen enthaltend: die erste eine Art unbekannter Musik, die zweite ein wahrer Geniestreich der Psychologie – ein schreckliches und grausames Stück Verhöhnung des *Gnôthi sautón*, aber mit einer leichten Kühnheit und Wonne der überlegenen Kraft hingeworfen, daß ich vor Vergnügen dabei ganz berauscht war.[3]

Nietzsches Anteilnahme an den *Aufzeichnungen* ist leicht zu verstehen: Die ungewöhnliche Form, in der hier ein Versuch der Selbstzergliederung und Selbstüberwindung vorgenommen wurde, die leidenschaftliche, sich in Widersprüchen bewegende Ausdrucksweise, die Vielstimmig-

3 Nietzsche, Brief an Peter Gast, 7. März 1887, in: ebd., S. 1253.

keit der Argumentation verrieten die Authentizität einer Selbstanalyse, die unter hohem Leidensdruck zustande gekommen war. Inhaltlich ging es um ein Problem, mit dem auch Nietzsche immer schon gerungen hatte, um die Frage nach Gut und Böse, nach dem Ursprung der Moral. Waren die Normen der Moral durch den gesellschaftlichen Nutzen zu begründen? Oder war es gerade die Gesellschaft, die durch ihre Konventionen die Entwicklung des Guten im Einzelmenschen unterdrückte? Stand nicht die vermeintlich moralische Rücksichtnahme auf die Gesellschaft der Forderung im Wege, dass das Individuum »das Höchste [zu] leisten [habe], was in seinem Bereich liegt«[4]?

In der *Götzen-Dämmerung* von 1888 stellt Nietzsche eben diese Forderung auf und bezieht sich auf Dostojewskij: Nach einer Lobpreisung des »naturwüchsigen Menschen«, der in einer zahmen Gesellschaft notwendig »zum Verbrecher entarten« müsse, heißt es:

> Für das Problem, das hier vorliegt, ist das Zeugnis Dostojewskis von Belang – Dostojewskis, des einzigen Psychologen, anbei gesagt, von dem ich etwas zu lernen hatte: er gehört zu den schönsten Glücksfällen meines Lebens, mehr noch als die Entdeckung Stendhals. Dieser *tiefe* Mensch, der zehnmal recht hatte, die oberflächlichen Deutschen gering zu schätzen, hat die sibirischen Zuchthäusler, in deren Mitte er lange lebte, lauter schwere Verbrecher, für die es keinen Rückweg zur Gesellschaft mehr gab, sehr anders empfunden, als er selbst erwartete – ungefähr als aus dem besten, härtesten und

4 Nietzsche, »Aus dem Nachlaß der Achtzigerjahre«, in: ebd., S. 557.

wertvollsten Holze geschnitzt, das auf russischer Erde überhaupt wächst. Verallgemeinern wir den Fall des Verbrechers: denken wir uns Naturen, denen, aus irgendeinem Grunde, die öffentliche Zustimmung fehlt, die wissen, daß sie nicht als wohltätig, als nützlich empfunden werden [...], sondern als ausgestoßen, unwürdig, verunreinigend. Alle solche Naturen haben die Farbe des Unterirdischen auf Gedanken und Handlungen; an ihnen wird jegliches bleicher als an solchen, auf deren Dasein das Tageslicht ruht. Aber fast alle Existenzformen, die wir heute auszeichnen, haben ehemals unter dieser halben Grabesluft gelebt: der wissenschaftliche Charakter, der Artist, das Genie, der freie Geist, der Schauspieler, der Kaufmann, der große Entdecker ....[5]

Ein Dasein ohne Tageslicht, in halber Grabesluft – das ist in der Tat die Existenz des Erzählers in den *Aufzeichnungen aus dem Kellerloch*. Von dem »Winkel«, in dem er lebt, wird nicht viel mehr berichtet, als dass er schmutzig, eng und hässlich ist und am äußersten Stadtrand von Petersburg liegt. Am Rand der Hauptstadt zu hausen bedeutet hier, am Rande der Gesellschaft zu leben.

Schon im Eröffnungskapitel wird klar, dass der Außenseiter sich selbst isoliert hat: Der ›Keller‹ oder ›Untergrund‹, wie das russische Wort *podpolje* auch wiedergegeben werden kann, liegt ausschließlich in seiner Innenwelt. Es geht nicht um ein subversives Milieu illegaler politischer Tätigkeit – diese Hauptbedeutung hat das Wort heute –, auch nicht um den Rückzug eines von der Gesellschaft Versto-

5 Nietzsche, *Götzen-Dämmerung*, Abschn. 45, in: ebd., Bd. 2, S. 1020.

ßenen in sich selbst. Dostojewskijs Kellermensch, der an einer ihm unerklärlichen Krankheit und an einem ihn bedrückenden Schuldbewusstsein leidet, ist kein Verschwörer. Schon mit 40 Jahren hat der Kollegienassessor freiwillig seinen Abschied genommen, aus Überdruss am Dienst, um über sich selbst und den Sinn des Lebens zu reflektieren. Es handelt sich um einen ›überflüssigen Menschen‹, wie er in vielen Spielarten aus der klassischen russischen Literatur bekannt ist. Es wäre ein Missverständnis, in dem Ich, das hier von sich erzählt, einen von der Gesellschaft Erniedrigten und Beleidigten zu sehen. Ein Kollegienassessor war ein Beamter der 8. Rangklasse, immerhin einem Hauptmann gleichrangig. (Nach der Rangtafel, die in der Bürokratie des russischen Reiches seit 1722 bis zum Beginn des 20. Jahrhunderts in Geltung war, gab es 14 Beamtenklassen.)

Man hat Grund, in der Beichte des Erzählers Geständnisse Dostojewskijs selbst zu finden. Er war 1844, 23 Jahre alt, als Ingenieur-Offizier aus dem Militärdienst ausgeschieden, um sich ganz der Schriftstellerei zu widmen. Mit 27 Jahren war er denunziert worden, einem regierungsfeindlichen Zirkel anzugehören, in dessen Mittelpunkt die Sozialisten Michail Petraschewskij und Sergej Durow standen. Er wurde nach einigen Verhören zum Tode verurteilt.

Die harte Bestrafung darf nicht zu der Annahme verleiten, der junge, früh erfolgreiche Schriftsteller sei ein aktiver Anhänger des unter Intellektuellen damals aufkommenden Sozialismus gewesen; er hatte den Behörden lediglich verschwiegen, dass in seinem Freundeskreis regierungskritische Briefe verbreitet worden waren, die der Schriftsteller Wissarion Belinskij aus dem Ausland an Nikolaj Gogol gerichtet hatte. Dies genügte für eine Verurteilung zum Tode durch Erschießen. Ein Gnadengesuch auf Umwandlung der Todesstrafe in Zwangsarbeit wurde bewilligt; Zar Nikolaj I. persönlich verfügte am Aktenrand: »Für vier Jahre, danach gemeiner Soldat.«[6]

Bevor dieser Gnadenakt verkündet wurde, sind Dostojewskij und seine Mitverurteilten bekanntlich vor ein Erschießungskommando geführt worden, zu eindringlicher Abschreckung.

Am 24. Dezember 1849 wurde Dostojewskij zunächst nach Tobolsk deportiert und leistete die vier Jahre Zwangsarbeit bis 1854 in einem Arbeitslager ab. Nach der Strafverbüßung blieb er bis 1859 als Soldat in Sibirien. Im Jahre 1857, nach seiner Heirat, brach zum ersten Mal eine schwere Epilepsie aus. Die Anfälle wiederholten sich während seines ganzen Lebens. Als Dostojewskij endlich 1860 unter der liberaleren Regierung des Zaren Alexander II. nach Petersburg zurückkehren durfte, konnten seine Schilderungen aus dem Leben in einer Sträflingskolonie unter dem Titel *Aufzeichnungen aus einem Totenhause* und eine erste Werkausgabe erscheinen. Die Geheimpolizei war großzügig: Er durfte eine erste Reise nach Westeuropa antreten, die ihn nach Berlin, Köln, Paris und London führte, wo er den Kristallpalast sah, den man 1851 für die Weltausstellung errichtet hatte. Über Genf, Florenz und Wien reiste er zurück. Seine Erwartung, in den deutschen Staaten kleinbürgerlicher Pedanterie und Enge, in England und Frankreich vor allem materialistischer Gesinnung und moralischem Ver-

6 Nikolai Beltischikow, *Dostojewski im Prozeß der Petraschewzen*, Leipzig 1977, S. 207 f.

fall zu begegnen, fand er durch seine Beobachtungen während der Reise vollauf bestätigt. In dem Aufsatz *Winterliche Aufzeichnungen über sommerliche Eindrücke* veröffentlichte er sie 1863 in der Zeitschrift *Wremja* (*Die Zeit*), die er mit seinem Bruder Michail herausgab.

Bald darauf wurde *Wremja* von der Zensur verboten, weil ein Freund der Brüder Dostojewskij, Nikolaij Strachow, darin einen Aufsatz veröffentlicht hatte, der nicht entschieden genug gegen den Polenaufstand vom Januar 1863 und für die Petersburger Regierung eingetreten war. Das Verbot war für die Herausgeber existenzgefährdend und traf Fjodor Dostojewskij besonders hart, der in dieser Hinsicht ein gutes Gewissen hatte. Schon im sibirischen Lager und auch später hatte er niemals mit den Polen sympathisiert. Ihnen fehlte seiner Ansicht nach die Demut, die in seiner Ordnung der sittlichen Werte einen hohen Rang einnahm.

Nach der Liquidation der Zeitschrift reiste Dostojewskij ein zweites Mal in den Westen, um in Paris seine Geliebte, die Schriftstellerin Apollinaria (Polja) Suslowa, zu treffen. Seine schwindsüchtige Ehefrau hatte er in Russland zurückgelassen. Die Begegnung des Paares in Paris war konfliktreich. Polja lebte mit einem spanischen Studenten zusammen, der sie allerdings bei Dostojewskijs Erscheinen verließ. Dostojewskij überredete die 23-Jährige, ihn bei der Weiterreise »wie ein guter Freund« zu begleiten. In Baden-Baden und Bad Homburg ruinierte ihn seine Spielleidenschaft. Polja lieh ihm die 350 Rubel, die ihm im Oktober 1863 die Rückreise ermöglichten. Nach Petersburg zurückgekehrt, bemühte er sich gemeinsam mit seinem Bruder, die Erlaubnis zur Gründung einer neuen Zeitschrift zu erhalten, der *Epocha*. Er erhielt sie, nachdem er ein Programm vorgelegt hatte, welches versprach, für einen Ausgleich zwischen konservativen und reformerischen Kräften in der Publizistik zu sorgen. Das Schuldbewusstsein gegenüber Polja und der Ehefrau, die Sorge um das Gelingen der neuen Zeitschrift, von der sein Lebensunterhalt abhing – alles dies mag zu der gedrückten Stimmung Dostojewskijs und zu der ungebändigten, kontrastreichen Ausdrucksweise der rasch konzipierten *Aufzeichnungen* beigetragen haben.

Bald trafen den Schriftsteller weitere Schicksalsschläge: Seine Frau starb im April, im Juli starben sein Bruder Michail und sein engster Mitarbeiter Apollon Grigorjew. Unter diesen Erschütterungen entstand der zweite Teil der *Aufzeichnungen*. Die Erlebnisse »bei nassem Schnee« (S. 55) sollten die praktischen Folgen der sittlichen Verunsicherung aufzeigen, deren theoretische Ursachen der Kellermensch im ersten Teil bloßgelegt hatte: Die Allmacht der vermeintlich menschliches und soziales Handeln lückenlos bestimmenden Naturwissenschaften und ihrer ›Formeln‹ hatte ein sittliches Vakuum zur Folge, so tief, dass nicht nur der Glaube an die Maßstäbe von Gut und Böse erschüttert wurde, sondern auch das Vertrauen auf die sichere Selbsterkenntnis, so dass sogar die Erkenntnis der eigenen Motive des Handelns verlorenging. Die *Aufzeichnungen* schließen mit dem verzweifelten Eingeständnis: Wir »wissen nicht wohin, an wen uns halten, was lieben und hassen, was achten und was verachten« (S. 167). Einerseits sind wir »Totgeborene« und ›bald so weit‹, nur »von einer Idee gezeugt« zu sein (S. 168). Andererseits nimmt der Erzähler als »paradoxer Mensch« sich aus: »Was mich im Besonderen angeht, so habe ich in meinem Leben lediglich das bis zum Äußersten gewagt, was Sie [die Totgeborenen] nicht einmal bis zur Hälfte gewagt haben« (S. 167). Das Übermensch-Motiv klingt an.

Von welcher ›Zeugung durch Ideen‹, von welchen Büchern spricht Dostojewskij in dieser Kritik seiner Zeit?

Man versteht die *Aufzeichnungen* nicht, wenn man nicht ihren polemischen Sinn beachtet. 1863 wurde der Roman des im Jahre zuvor verhafteten Sozialisten Nikolaj Tschernyschewskij *Was tun?* veröffentlicht. Er trug den Untertitel »Erzählung von neuen Menschen« und hatte sogleich einen überaus starken Einfluss auf die revolutionär gestimmte Intelligenzija in ganz Europa gehabt. Auch Karl Marx war so beeindruckt, dass er noch 1870 begann, russisch zu lernen, eigens um diesen Roman im Original lesen zu können. Und jahrzehntelang stand in der Sowjetunion *Was tun?* im kanonischen Rang eines revolutionär-demokratischen Vorbild-Textes, hatte doch Lenin selbst *Was tun?* zum Titel einer seiner strategischen Schriften gewählt (1903).

Tschernyschewskij schildert jene vorbildlich progressiven Menschen, denen der gesellschaftliche Nutzen für ihr Tun und Denken – durch asketische Selbsterziehung und durch den festen, parteiischen Zusammenschluss mit Gleichgesinnten – zum allein bestimmenden Motiv geworden ist. Stets stimmen ihre Beweggründe und Interessen mit den wahren Interessen der Massen überein. Dies sind die »neuen Menschen«, »herrliche Menschen! von einem Typ, zu dem später alle Menschen gehören werden«.[7] Es

7 Nikolai Tschernyschewskij, *Was tun? Aus Erzählungen von neuen Menschen*, Berlin/Weimar 1979, Buch 3, XIV.

sind Menschen, die mit ihren uneinsichtigen Widersachern nur im Notfalle gewaltsam umgehen. Sie leben

> in einer sorgsam gepflegten Natur, in einem riesigen Gemeinschaftspalast, ausschließlich aus Metall und Glas. Und wie reich ausgestattet: überall Aluminium, überall grünende exotische Gewächse. Die Menschen darin haben nur die Maschinen in Gang zu setzen und zu überwachen. Aus allen Gruppen erschallen bei der Arbeit fröhliche Gesänge. Und alle Menschen werden so leben? Alle! Gewiß! Für alle wird ewiger Frühling und Sommer herrschen, ewige Freude.[8]

Die Lebensvorgänge werden aufgrund von Formeln berechenbar sein, gleichzeitig aber wird für Männer und Frauen absolute Selbstbestimmung und Gleichheit herrschen: »Betrachte deine Ehefrau als deine Braut! Bedenke stets, daß sie das Recht hat, jeden Augenblick zu sagen: Ich mag dich nicht mehr! Verlaß mich!«[9] Tschernyschewskij stand mit diesem Glauben an den durch Wissenschaft verheißenen neuen Menschen keineswegs allein. Die Erkenntnisse der Evolutionstheorie, die Erfolge der Naturwissenschaften auf materialistischer Basis schienen ihm Recht zu geben. Einigkeit bestand unter den Anhängern Tschernyschewskijs darüber, dass die Menschen ohne Einschränkung umerziehbar, die sozialen Vorgänge wissenschaftlich berechenbar seien.

8 Ebd., Buch 4, XVI, 8.
9 Ebd., Buch 4, XIV.

Gerade diese Philosophie wird zur Zielscheibe der Kritik Dostojewskijs. Seine Erzählung nimmt wesentliche Episoden aus *Was tun?* wieder auf. Hier wie dort handelte es sich um die Befreiung einer Prostituierten von dem Zwang zu ihrem Gewerbe (»Sie ist ihrer Zuhälterin 17 Rubel schuldig, sie läßt sie nicht fort«).[10] Auch für Dostojewskij ist die Zähmung ›unnatürlicher Leidenschaften‹ ein Problem. Tschernyschewskijs Held hatte den stolzen Grundsatz, »niemals vor jemandem zurückzuweichen«. Für Dostojewskijs Anti-Helden wird es zur Mutprobe, einem Hünen von Offizier nicht auszuweichen (S. 69 ff.).

Die Überzeugung vom Wert der Selbstbehauptung verband die beiden Schriftsteller. Aber wie groß war die Kluft zwischen ihren Anschauungen!

In seiner Jugend hatte sich Dostojewskij ebenfalls mit der Lektüre der verbotenen Bücher aus dem Westen beschäftigt, aus denen Tschernyschewskij das Baumaterial für seine Luftschlösser entnommen hatte – die Werke der französischen Sozialisten Charles Fourier, Henri de Saint-Simon, Pierre-Joseph Proudhon. Aber an die Rezepte zur Schaffung des ›neuen Menschen‹ hatte er nie geglaubt. Wie Tschernyschewskij und seine Freunde, die sich um die Zeitschrift *Der Zeitgenosse* scharten, empfand auch Dostojewskij das soziale Unrecht und glaubte mit Jean-Jacques Rousseau an das Gute in den einfachen Herzen der Erniedrigten und Beleidigten. Sein erster Roman *Arme Leute* (1846) folgte dem Muster der mitleidsvollen Schilderungen sozialen Elends in den Romanen von George Sand und Charles Dickens. Doch hat Dostojewskij seine Romanfigu-

10 Ebd., Buch 3, XIV.

ren nie zu leblosen Produkten ihres Milieus gemacht. Die Überzeugung, dass die Freiheit des Menschen Grundlage jeder Moral ist, durchzieht sein ganzes Werk bis zu seinem letzten Roman, den *Brüdern Karamasow* (1880).

Neben seiner Sozialkritik ist Dostojewskijs Begeisterung für Schillers Dramen oft als Beweisgrund dafür angeführt worden, dass auch er in seiner Jugend ebenso wie die Sozialutopisten ein »optimistischer Humanist« gewesen sei. Aber vermutlich hat gerade die Beschäftigung mit Schiller Dostojewskij den Blick dafür geöffnet, dass moralisches Handeln ohne die Annahme der sittlichen Autonomie des Individuums undenkbar ist und die Tragik des Irrtums wie des Scheiterns einschließt. Die perfekte Organisation des Glücks mit Hilfe sozialistischer ›Formeln‹ würde mit der Freiheit des Christen nicht zu vereinbaren sein. Und welch schreckliche »Langeweile« (*skuka*) würde im »Kristallpalast« (S. 33) herrschen! »[N]icht einmal heimlich« wird man die Zunge herausstrecken können (S. 47). Die Gähnenden Höhen (so der Titel des 1976 erschienenen Romans von Alexander Sinowjew) des ideologisch perfekten Kommunismus sah Dostojewskij prophetisch voraus.

Aus der Wesensbestimmung des Menschen durch Freiheit folgt für Dostojewskij die Unberechenbarkeit menschlichen Tuns. »Denn der Mensch ist dumm, phänomenal dumm« (S. 33). Ein unauflösliches Rätsel bleibt für Dostojewskij, dass der freie Wille mit tiefer Genugtuung auf das Böse, auf Selbstzerstörung und die Vernichtung des Lebens anderer gerichtet sein kann, entgegen dem wahren Interesse der Vernunft, von der doch erwartet werden sollte, dass sie sich mit der Kraft der Wahrheit durchsetze. Der böse Wille (»die Bosheit«, S. 5 f.) ist für Dostojewskij zuweilen ein Protest der Eigenliebe gegen die Unvermeidlichkeit von Erniedrigung und Beleidigung, denen wir durch die »Macht der Naturgesetze« unterworfen sind, die uns eine unüberwindliche »Mauer« (S. 14) entgegensetzen. Je entwickelter das Selbstbewusstsein und damit die Erkenntnis des Guten und Bösen, desto stärker die Scham über die Verfehlung des Ziels, die Reue, das Bedürfnis nach Strafe, das Bedürfnis des Menschen im Kellerloch, sich »zu zerfleischen, zu foltern«, so lange, »bis die Verbitterung sich schließlich in irgendeine schmähliche, verfluchte Süße wandelte« (S. 11). »Das Leiden – das ist ja der einzige Grund des Bewusstseins« (S. 47), »erhöhtes Bewusstsein« bedeute deshalb gesteigertes Leiden.

Der philosophische Stil der *Aufzeichnungen* verrät durch extrem subjektivistische Formulierungen den Einfluss des Anarchisten Max Stirner, dessen damals berühmtes Buch *Der Einzige und sein Eigentum* (1844) Dostojewskij für einen Vortrag über »die Persönlichkeit und den menschlichen Egoismus« im Kreis um Petraschewskij benutzt hatte.

Die Frage, wie der Egoismus zu überwinden sei, bleibt in diesem vielstimmig geführten, fiktiven Gespräch des Kellermenschen mit seinen Zuhörern offen (S. 50 ff.) Längst ist deutlich geworden, dass der Erzähler keine theoretische Lösung sucht, dass es ihm vielmehr um *Er*lösung von Schuldgefühlen geht, die ihn bedrängen. Das Gespräch, ein Selbstgespräch des mit sich selbst entzweiten »paradoxen Menschen« (S. 168), scheint alle bisher geäußerten Gedanken wieder in Frage zu stellen: »Unsinn« – »Frechheiten« – »Lüge« (S. 51). Auf der Suche nach der reinigenden Wahrheit geht der Erzähler zu Geständnissen über, zu Erinnerungen an »frühere Abenteuer«, von deren Offenbarung beim Niederschreiben er sich »Erleichterung« (S. 54) erhofft. Lange liegen sie zurück, diese Abenteuer, 16 Jahre – der Erzähler war damals 24 Jahre alt. Sie haben dazu geführt, dass der Erzähler sich der Gesellschaft der Freunde und Kollegen entfremdet hat. Sie sind die Ursache jener Isolierung, aus der er sich durch das späte Geständnis zu befreien hofft. Bei der Schilderung der erniedrigenden Episoden schwankt der Erzähler als ›gebildeter Mensch‹, der »grenzenlose Ansprüche« an sich selbst stellt (S. 57), zwischen dem Bewusstsein der Überlegenheit gegenüber der menschlichen Umgebung – »Ich war entwickelt bis zum Krankhaften«, »Sie aber waren alle stumpfsinnig« (S. 57) – und äußerster Erniedrigung – ich, »eine Fliege« (S. 68), ich, »ein Sklave« (S. 57).

Die »stumpfsinnigen« Freunde haben entsprechende Namen: Swerkow (›Tierchen‹), Trudoljubow (›der Arbeitsliebende‹), Ferfitschkin (ein unrussischer Nonsens-Name). Es sind ideenlose Kanzlisten aus Gogols St. Petersburg. Ihnen gegenüber, auf der untersten Stufe der Kellerloch-Gesellschaft, steht der Diener mit dem ihm wesensfremden Vornamen Apollon, ein ganz un-apollinischer Mensch, in starrem Misstrauen gegenüber den Bräuchen der Hauptstadt, ein entwurzelter Bauer, auf seine Weise ideenlos.

Der verzweifelte Zweifler in der Mitte findet auch bei der Intelligenzschicht keinen Rückhalt: Er verhöhnt die »weltentrückten Naturen«, Leute, die sich von abstrakten Ideen leiten lassen, deshalb »über den Sternen thronen« (S. 59) und keine echten Russen sind, sondern allenfalls Deutsche oder Franzosen (ebd.). Sie lassen sich »mit Vorliebe in Weimar oder im Schwarzwald« (S. 60) nieder. (Dostojewskij spielt hier auf den Franzosenfreund Iwan Turgenjew an, der in Baden-Baden wohnte.) Nicht besser kommen beim Erzähler »unsere Romantiker« (S. 59) weg, die »weite[n] Naturen« (S. 61), die zerstritten und opportunistisch sind und die man zuweilen »in ein Irrenhaus einliefern« müsse, wenn sie schon »gar zu verrückt« (ebd.) seien. Die zeitgenössischen Leser werden gewusst haben, auf wen unter den Schriftsteller-Kollegen diese Angriffe Dostojewskijs zielten.

Im Bordell, in das der Erzähler widerwillig den drei verkommenen Spießgesellen gefolgt ist, begegnet der Erzähler der Prostituierten Lisa. Sie allein ist unter Schemen und Gespenstern ein Mensch mit reinem Herzen, die ehrbare Dirne, die auch in dem Kellermenschen das ›gesteigerte Bewusstsein‹ für Schuld und Demut zu erwecken weiß. Es liegt nahe, dass er Lisa aus ihrer Abhängigkeit erlösen möchte. Hier nimmt die Erzählung eine überraschende Wendung: Die entscheidende Szene von Lisas Besuch im Kellerloch und der ekstatische Ausbruch des »Retters«, der blitzartig zu erkennen meint, dass er sich selbst nicht kannte, liefert den Schlüssel zum Verständnis mancher Dunkelheiten (S. 156 f.): »Retten!« »Wovor denn retten!« »Nach Macht gelüstete es mich damals«! »[Ich bin] ein gemeiner Kerl, ein Schuft, ein Egoist, ein Faulpelz«. Als Lisa auf diese Flut von Selbstschmähungen mit Verständnis und Hingebung antwortet, reagiert der eben noch Reuige mit einer grausamen Liebesverweigerung, indem er die aufrichtige Zuneigung des Mädchens als Prostitution behandeln und mit Geld abgelten möchte. Aus Trotz? Aus Scham? Aus Rache wegen der vorausgegangenen Beschämung? Wir begreifen, dass der radikale Zweifler weder seinen eigenen Motiven noch denen der Geliebten zu vertrauen imstande ist.

Lisa, tief gekränkt, entflieht. Der asketische Büßer bleibt im nassen Schnee zurück (S. 164 f.). –

Schreiben als Erlösung. Das ist eine Sartre'sche Formel. Sein Antoine Roquentin in *Der Ekel* ist von dem gleichen Ekel, von der gleichen indifferenten Gelangweiltheit erfüllt wie Dostojewskijs Kellermensch, der an der ›Grundlosigkeit‹ seiner Existenz leidet.

Es wundert nicht, dass der Erzähler diese reinigenden Aufzeichnungen ausdrücklich nicht als »Literatur« (S. 166) betrachtet wissen will, sondern als eine Strafe zu seiner Besserung.

Wie kann sich ein Mensch bessern, der wie der Kellermensch geglaubt hat, die Liebe sei ein Kampf, bedeute »Tyrannei und moralische Überlegenheit« (S. 161)? Wie kann sich bessern, wer »nach dem Buch« (S. 126) leben will? Indem er das wirkliche ›lebendige Leben‹ lebt, wie es Lisa gelebt hat. Für sie lag »die ganze Auferstehung in der Liebe, die ganze Rettung, […] die ganze Wiedergeburt« (S. 162). Es war eine demütige Liebe, die Liebe der Erniedrigten, die den bisher tyrannisch liebenden Kellermenschen verwandelt, wenngleich er sich vom Ungewohnten des lebendigen Lebens erdrückt fühlt (ebd.). Der Läuterung ging die Erniedrigung vorauf. »Kränkung – das ist doch Läuterung« (S. 165).

Man fühlt sich an Schopenhauer erinnert, den Dostojewskij bewundert hat: Selbst die, welche sehr böse waren, sehen wir bisweilen durch die tiefsten Schmerzen bis zu diesem Grade verwandelt: »Sie sind Andere geworden und völlig verwandelt«.[11]

11 Arthur Schopenhauer, *Die Welt als Wille und Vorstellung*, Erster Teil, IV. Buch, § 68.

In den ekstatischen Sätzen, mit denen Dostojewskij seine *Aufzeichnungen* schließt, wendet er sich durch seinen reuigen Erzähler mit einer Warnung an die Öffentlichkeit: »Die Herrschaften« könnten vielleicht, wie die Westeuropäer, »jene törichten deutschen und besonders französischen Romantiker« (S. 59) die Heilung auf die Weise suchen wollen, wie sie »im Buche« (S. 166), in ihren Traktaten, steht: durch »größere Selbständigkeit, Ellenbogenfreiheit« (S. 167), durch Erweiterung des Tätigkeitsfeldes für uns – für den Erzähler und seine Leser, für Russland. Mit großem Nachdruck spricht der Erzähler und durch ihn Dostojewskij seine Befürchtung aus: »wir werden sofort wieder um Bevormundung betteln« (ebd.). Denn es sei lästig, ein autonom bestimmter Mensch zu sein, »ein Mensch mit wirklichem *eigenen* Fleisch und Blut« (ebd.; Hervorhebung von Dostojewskij). »[W]ir [...] trachten lieber danach, irgendwelche phänomenale Allgemeinmenschen« (ebd.), bisher noch nie dagewesene Kollektiv-Menschen zu werden. Orwell'sche Befürchtungen! Nicht in äußerer Freiheit, muss man folgern, nicht in ›Ideen‹, die ›Totgeborenes‹ erzeugen, sondern im Erleiden, in Demut, in Liebe, liegt für Dostojewskij das Heil, das den Kellermenschen zu ›lebendigem Leben‹ führe.

Die *Aufzeichnungen* sind ein Dokument, in dem sich alle geistigen Tendenzen ihrer Zeit niedergeschlagen haben. Zugleich haben sie viele Versuche angeregt, das Seelenleben ihres Autors zu entschlüsseln.

Vermutlich hatte die Schuld des Menschen im Keller Lisa gegenüber eine enge Beziehung zu dem Verhältnis, das den Autor mit Polja verbunden hatte. Die sehr viel jüngere Schriftstellerin hat ein Tagebuch über die gemeinsame Reise hinterlassen, das über die quälende und selbstquälerische Leidenschaft des Dichters Auskunft gibt.

Nach dem Tod Dostojewskijs enthüllte sein Freund und Reisebegleiter Strachow in einem Brief an Leo Tolstoj Charakterzüge, die man, wie Strachow sich ausdrückt, »lieber vergessen würde«: »Dostojewskij befand sich oft in Erregungszuständen, die Mitleid verdient hätten, wäre er dann nicht so böse gewesen. Am meisten glich ihm dann der Held in den *Aufzeichnungen aus dem Kellerloch.*« Vielleicht hat die Aura, die seinen Anfällen vorauszugehen pflegte, ihn etwas von der mystischen ›Süßigkeit‹ der Leidensekstasen empfinden lassen, eine Erfahrung, die aus der Mystik aller Zeiten bekannt ist.

Die *Aufzeichnungen* enthalten zugleich Vorstudien zu Gestalten, die aus den späteren großen Romanen hervortreten: Die Charakterzüge des mit sich entzweiten Menschen im Keller erinnern an Swidrigajlow in *Verbrechen und Strafe* (1866), an Stawrogin in den *Dämonen* (1872). In Lisa ist das Porträt der Prostituierten Sonja vorgeformt, die den Mörder Raskolnikow zu erlösen sucht. Auch Raskolnikow in *Verbrechen und Strafe* ist ein Mensch, der in Gedankenexperimenten die Geltung der Moral in Frage stellt und sich beweisen will, dass man als amoralischer Übermensch selbst nach einem Mord reuelos weiterleben kann. Er sollte nach Dostojewskijs anfänglichem Plan Selbstmord begehen, hat aber schließlich die Erlösung gefunden, die eigentlich schon dem Helden in den *Aufzeichnungen* zugedacht war.

Der Pendelausschlag der Ideen, die den Hintergrund dieser Aufzeichnungen bilden, ist noch heute spürbar: Auch die spätere Geistesgeschichte Russlands zeigt das Schwanken zwischen der Ergebenheit in ›Arbeit und Dienst‹ und der Selbsterhöhung im imperialen Gefühl der Überlegenheit – auf der Suche nach einer Position in der Mitte zwischen der kalten Rechenhaftigkeit westlicher Ratio und der Überlieferung dessen, was Dostojewskij »russische Romantik« genannt hat.

Hans Walter Poll

Inhalt